AF547052

NORDISCHER SCHAMANISMUS

ALMINA OLSSON

Alle Ratschläge in diesem Buch wurden vom Autor und vom Verlag sorgfältig erwogen und geprüft. Eine Garantie kann dennoch nicht übernommen werden. Eine Haftung des Autors beziehungsweise des Verlags für jegliche Personen-, Sach- und Vermögensschäden ist daher ausgeschlossen.

Copyright © 2023
Email: info@edition-jt.de
www.edition-jt.de

Alle Rechte, insbesondere das Recht der Vervielfältigung und Verbreitung der Übersetzung, vorbehalten. Kein Teil des Werkes darf in irgendeiner Form (durch Fotokopie, Mikrofilm oder ein anderes Verfahren) ohne schriftliche Genehmigung des Verlages reproduziert oder unter Verwendung elektronischer Systeme gespeichert, verarbeitet, vervielfältigt oder verbreitet werden.

JT Handels UG
Berumer Str. 44
26844 Jemgum

Inhalt

Im Schatten Yggdrasils: Der Anfang Ihrer schamanischen Reise

Sie stehen am Ufer eines weitläufigen Ozeans, bereit, die Wellen des Wissens und der Weisheit zu durchqueren. Dieses Buch ist wie ein Langschiff, geschickt und robust, bereit, Sie durch die Fluten der Erkenntnis in die Welt des nordischen Schamanismus zu tragen.

In der vielschichtigen Landschaft des nordischen Schamanismus werden Sie auf Pfade stoßen, die so alt sind wie die Zeit selbst, durchzogen von der pulsierenden Energie der ursprünglichen Welt. Dieses Wissen, das tief in den Wurzeln des Weltenbaums Yggdrasil verankert ist, ist der Leitfaden, der Ihnen helfen wird, die tiefe Verbundenheit zwischen sich selbst und dem Universum zu verstehen.

Das Buch öffnet sich mit den Grundlagen des nordischen Schamanismus, zeichnet ein lebendiges Bild seiner Ursprünge und Geschichte und führt Sie dann in die Glaubenssysteme und Kosmologien, die das Herzstück dieser uralten Praxis bilden. Sie werden die zentralen Konzepte und ethischen Prinzipien kennenlernen, die den nordischen Schamanismus prägen, und ein tieferes Verständnis für die schamanische Seelenreise erlangen, eine Schlüsselpraxis, die den Weg in andere Bewusstseinszustände öffnet.

Die Praktiken des nordischen Schamanismus sind vielfältig und reich an Tiefe. Sie werden Heilrituale entdecken, die den Körper und den Geist heilen können, und lernen, wie Sie diese Praktiken in Ihren Alltag integrieren können. Die Arbeit mit Träumen, ein weiteres zentrales Element des Schamanismus, wird Ihnen Wege aufzeigen, wie Sie Ihre inneren Welten erkunden und Ihr Unterbewusstsein ans Licht bringen können.

In den Weiten des Nordens ist jede Zeremonie ein Tanz mit der Natur und den Gottheiten. Sie werden die Bedeutung von Zeremonien im Schamanismus entdecken und erfahren, wie Sie Musik, Tanz und Gesang einbinden können, um ihre Kraft zu nutzen. Sie werden auch die Rolle von Gedichten und Zaubern im nordischen Schamanismus kennenlernen und lernen, wie Sie diese alten Künste für sich nutzen können.

Die Runen, mysteriöse Symbole der Macht, haben im nordischen Schamanismus eine besondere Bedeutung. Sie werden die Geheimnisse der Runen entschlüsseln und lernen, wie Sie sie lesen und ihre Magie in Ihrem eigenen Leben anwenden können.

Und schließlich, am Horizont Ihrer Reise, werden Sie die mächtigen nordischen Gottheiten treffen. Sie werden ihre Geschichten hören, lernen, wie Sie eine Verbindung zu ihnen herstellen können, und entdecken, wie Sie ihre Kräfte in Ihrem Alltag nutzen können.

Betreten Sie dieses Langschiff des Wissens mit offenem Geist und Herz. Lassen Sie sich auf die Strömungen der Weisheit ein und lassen Sie sich von den Geheimnissen des nordischen Schamanismus berühren und inspirieren. Ihre Reise beginnt jetzt.

Hinweis: In diesem Buch finden Sie einen QR-Code, der Sie zu einer Audiodatei führt. Falls Sie keine Möglichkeit haben, den QR-Code zu scannen, können Sie die Datei auch über diesen Link finden: https://bit.ly/3tw4xBK

Die Grundlagen des nordischen Schamanismus

In den eisigen Weiten des hohen Nordens, wo Himmel und Erde sich in der zitternden Flamme des Polarlichts berühren und mächtige Gletscher unter dem Sternenhimmel thronen, entstand einst eine geheimnisvolle spirituelle Praxis. Dort, inmitten von endlosen Wäldern und gewaltigen Fjorden, von tosenden Wasserfällen und einsamen Felsklippen, ergründeten die alten Völker Skandinaviens die Geheimnisse des Kosmos. So wurde der nordische Schamanismus geboren, geformt von der Wildheit der Natur und der Sehnsucht des Menschen, tiefer in die verborgene Wirklichkeit hinter der sichtbaren Welt zu blicken. Der nordische Schamanismus ist eine alte Praxis, die tief in der nordischen Seele verwurzelt ist. Es ist eine Weltanschauung und spirituelle Disziplin, die das Göttliche in der Natur, im Menschen und im ganzen Universum erkennt und ehrt. Sie ist ein Weg, der den Menschen zu tiefer Selbsterkenntnis, heilender Transformation und spiritueller Erleuchtung führt. Sie sind eingeladen, auf den Spuren dieser uralten Weisheit zu wandern, das Mysterium zu entdecken und das Echo des nordischen Schamanismus in Ihrem eigenen Herzen widerhallen zu lassen.

Die Reise, die Ihnen bevorsteht, ist außergewöhnlich und geht weit über das Gewöhnliche hinaus. Es ist eine Reise, die Sie durch die Seiten der Zeit und des Raums führt, durch die Facetten von alten Mythen und die Abschnitte lebendiger Geschichte. Sie verlangt von Ihnen, in die verborgenen Tiefen Ihrer eigenen Seele einzutauchen und den hellen Schein des Geistes zu erkunden. Diese Wanderung bringt Sie an die Grenzen vergangener Kulturen und führt Sie auf geheime Wege, die einst von in Vergessenheit geratenen spirituellen Führern und Heilern beschritten wurden. Diese Reise öffnet Ihnen die Türen zu unbekannten Sphären, in denen Gottheiten und Geister ihren Wohnsitz haben. Zudem werden Sie auf dieser Entdeckungsreise auf jahrtausendealte Worte stoßen, die, richtig ausgesprochen, den Kosmos in seiner Ganzheit zum Schwingen bringen können.

Der Geist des nordischen Schamanismus lebt fort, seine Resonanz erklingt in den eisigen Böen des Nordens, in den unaufhörlichen Bewegungen des Meeres und im Inneren derer, die auf den Ruf reagieren und ihm folgen. Wenn Sie bereit sind, sich auf eine tiefgreifende Reise der Selbsterkenntnis zu begeben, die Geheimnisse der Natur und des Universums zu entschlüsseln, dann steht der Weg des nordischen Schamanismus Ihnen offen.

Dieser Pfad ist gesäumt von prägenden Erfahrungen, wie der Erforschung von Traum- und Visionssuche, dem Studium uralter Runen und der Ehrung Ihrer Ahnen. Er führt Sie zu einem tieferen Verständnis der neun Welten des Yggdrasil und lehrt Sie den respektvollen Umgang mit allen Lebewesen – den zentralen ethischen Grundsatz des nordischen Schamanismus.

Der Weg des nordischen Schamanismus eröffnet Ihnen den Dialog mit den alten Göttern und lässt Sie von ihrer Weisheit lernen. Mögen diese göttlichen Wesenheiten Ihnen auf Ihrem Weg zur Seite stehen und mögen Sie die unermessliche Stärke und tiefe Weisheit des nordischen Schamanismus in sich selbst entdecken.

Treten Sie über die Schwelle des Bekannten hinaus und begeben Sie sich auf Ihre persönliche Reise in die fesselnde Welt des nordischen Schamanismus. Hier warten spirituelle Entdeckungen und tiefgreifende Einsichten auf Sie.

Ursprünge und Geschichte

Im dunklen Schoß der Vorzeit, bevor der erste Runenstein in den kalten Boden Skandinaviens gemeißelt wurde, fand der nordische Schamanismus seinen Anfang.

Definition: Runensteine

Runensteine sind historische Artefakte, die mit dem geheimnisvollen Runenalphabet beschriftet sind, einer Schrift, die in den altnordischen und germanischen Kulturen weit verbreitet war. Diese Steine dienten vielfältigen Zwecken, von Gedenksteinen über Wegweiser bis hin zu magischen Talismanen.

Im Kontext des nordischen Schamanismus haben Runensteine eine besonders tiefgründige Bedeutung. Jede Rune symbolisiert nicht nur einen spezifischen Lautwert, sondern trägt auch eine vielschichtige symbolische Bedeutung, die mit bestimmten Konzepten, Gottheiten oder natürlichen Phänomenen verbunden ist. Runen können daher als Schlüssel zur Entschlüsselung der Geheimnisse des Kosmos und zur Interaktion mit den spirituellen Kräften, die das Universum durchdringen, dienen.

Runensteine werden oft in der Wahrsagerei verwendet. Ein Schamane könnte Runensteine werfen oder ziehen, um Antworten auf wichtige Fragen zu suchen oder um Einsichten in die versteckten Aspekte einer Situation zu gewinnen. Dabei geht es weniger um das Vorhersagen der Zukunft als vielmehr um das Erkennen der zugrundeliegenden Muster und Potenziale, die in der gegenwärtigen Situation verankert sind.

Schamanen können auch Runensteine in ihren Ritualen und spirituellen Praktiken verwenden, um Heilung zu fördern, um Schutz zu gewähren oder um mit den Göttern, Geistern und anderen Wesenheiten zu kommunizieren. In diesem Sinne sind Runensteine nicht nur historische Artefakte, sondern lebendige Werkzeuge der spirituellen Praxis, die in den Händen eines erfahrenen Schamanen eine tiefe magische Kraft entfalten können.

Der Anfang des nordischen Schamanismus ist tief in die Fasern der eiszeitlichen Jäger- und Sammlergemeinschaften eingewoben, die einst die kargen und zugleich majestätischen Landschaften des hohen Nordens durchstreiften. Die visionären Heiler und Weisen der Eiszeit waren untrennbar mit der rauen Natur, die sie umgab, verbunden. Sie lebten nicht nur in, sondern auch mit der Natur – sie passten sich den Jahreszeiten an, achteten auf die Zeichen, die ihnen die Tiere und Pflanzen gaben, und nutzten die Ressourcen um sie herum mit Respekt und Dankbarkeit. Diese tiefe Verbundenheit und Symbiose mit der Umwelt spiegelt die essenzielle Verbindung wider, die im Kern des nordischen Schamanismus schlägt. Es ist die Idee, dass wir nicht getrennt von der Welt um uns herum sind, sondern Teil eines großen, lebendigen Netzwerks, das alle Wesen miteinander verbindet.

Neueste anthropologische Forschungen untermauern diese Wahrheit. Artefakte und archäologische Funde, entdeckt in den tiefen Eisschichten und geheimen Höhlen, zeugen von der Spiritualität dieser eiszeitlichen Völker.

Definition: Artefakte
Artefakte sind menschengemachte Objekte oder Werkzeuge, die oft von archäologischer, historischer oder kultureller Bedeutung sind. Sie können von einfachen, handgefertigten Werkzeugen und Waffen aus der Steinzeit bis hin zu komplexen Kunstwerken und Schriften aus späteren Zeiten reichen.

Im Kontext des nordischen Schamanismus können Artefakte spirituelle oder rituelle Bedeutung haben. Solche Artefakte könnten zum Beispiel Runensteine, Trommeln, Amulette oder heilige Gegenstände sein, die in Ritualen oder zur Kommunikation mit spirituellen Wesenheiten verwendet werden. Sie sind physische Manifestationen der spirituellen Glaubenssysteme und Praktiken und dienen als Mittel zur Interaktion mit den spirituellen Realitäten und Wesen, die im Zentrum des schamanischen Weltbildes stehen.

Sie offenbaren eine Welt, in der Mensch und Natur nicht nur verbunden waren, sondern in einer wechselseitigen Beziehung miteinander standen. Von der Jagd auf das Mammut bis hin zu den ersten künstlerischen Darstellungen in Höhlenmalereien – jede Aktivität war durchdrungen von der Anerkennung und Ehrung der natürlichen Welt, ihrer Geister und ihrer Mächte.

Diese tiefverwurzelte Verbindung zur Natur und zur geistigen Welt wurde in den Praktiken und Ritualen der eiszeitlichen Schamanen zum Ausdruck gebracht. Sie betrachteten sich nicht als Beherrscher der Natur, sondern als Teil davon, eingewebt in das große Netz des Lebens, das alles miteinander verband. In ihren Riten und Heilpraktiken erkannten sie die Geister der Tiere und Pflanzen an, verehrten die Elemente und wandten sich an die Ahnen für Weisheit und Führung. Diese Traditionen bildeten das Fundament, auf dem der nordische Schamanismus stehen würde.

Trotz der Unbarmherzigkeit der Eiszeit, in der sie lebten, fanden diese eiszeitlichen Seher einen Weg, um in Harmonie mit ihrer Umgebung zu leben. Sie verstanden, dass sie Teil einer größeren Ordnung waren und dass ihre Überlebensfähigkeit und ihr Wohlstand von ihrer Fähigkeit abhingen, sich anzupassen und in Harmonie mit dieser Ordnung zu leben. Diese tiefgreifende Erkenntnis ist das Herzstück des nordischen Schamanismus und seiner Praktiken.

Als die Schatten der Jahrtausende über die Landschaften Skandinaviens zogen, stand der nordische Schamanismus nicht still. Wie der gewaltige Fluss des Nordens, der sich durch das raue Land schlängelt, fließt auch die Praxis des Schamanismus, ständig in Bewegung und doch unverändert in seiner Essenz. Mit dem Wandel der Zeiten wuchs und wandelte sich der nordische Schamanismus, eine stetige Reflexion des immerwährenden Kreislaufs von Wachstum, Tod und Wiedergeburt.

Das Zeitalter der Runen: Der Schamanismus entwickelt sich weiter

Es war um das 2. Jahrhundert n. Chr., als eines der ältesten Schriftsysteme der Menschheit aus den Tiefen des kollektiven Bewusstseins hervorbrach und der Praxis des nordischen Schamanismus eine neue Dimension verlieh. Die Runen, mystische Zeichen mit scharfen Linien und Ecken, die gleichsam die harte Realität des nordischen Lebens widerspiegeln, dienten nicht nur als Werkzeuge der Kommunikation, sondern wurden auch zu mächtigen symbolischen Trägern für magische und rituelle Zwecke.

Jede Rune besaß ihre eigene Energie, ihre eigene Geschichte und ihr eigenes Geheimnis. Diese uralten Schriftzeichen waren mehr als bloße Buchstaben – sie waren ein Schlüssel zu den Geheimnissen des Universums, ein Mittel, die Mächte der Natur zu erbitten und zu formen. Sie wurden auf Steine gemeißelt, auf Waffen eingraviert, auf Stoffe gestickt und in Holz geritzt, um ihre Macht und ihren Schutz auf den Träger zu übertragen.

Runen fanden in Ritualen, in Heilungszeremonien und bei der Weissagung Verwendung. Sie wurden als Mittel zur Kommunikation mit den Göttern und Geistern verwendet und dienten als Wegweiser und Beschützer für die Reisenden zwischen den Welten. Sie wurden auf Talismane und Amulette gezeichnet, um ihren Trägern Stärke, Schutz oder Weisheit zu verleihen. Sie wurden in die Luft gezeichnet, um Segen zu erbitten, Schutz zu gewähren oder Heilung zu bringen.

Dieser Schritt in der Evolution des nordischen Schamanismus war eine tiefe Transformation, eine Synthese von Kultur, Glauben und magischer Praxis. Die Runen, diese kraftvollen Symbole der alten nordischen Kultur, bereicherten und erweiterten den Pfad des Schamanismus, fügten ihm eine weitere Facette hinzu und bereiteten den Weg für die Blütezeit des nordischen Schamanismus in den nachfolgenden Jahrhunderten.

Die Blütezeit des nordischen Schamanismus: Die Wikingerzeit

Mit dem Aufstieg der Wikingerzeit, die das nordische Land von etwa 800 bis 1050 n. Chr. prägte, erlebte der nordische Schamanismus eine Phase von ungekannter Lebendigkeit und Komplexität. Es war eine Zeit, in der die Gewässer der Fjorde und der Ozean gleichermaßen mit den robusten Langschiffen der Wikinger gefüllt waren, die sowohl als mutige Krieger als auch als geschickte Händler und Navigator bekannt waren. Doch während die Wikinger weithin für ihre Kriegsführung und Entdeckungsfahrten berühmt sind, wird oft übersehen, wie tief ihr spirituelles Leben und ihre religiösen Praktiken waren – Praktiken, die stark vom Schamanismus durchdrungen waren.

Archäologische Entdeckungen aus dieser Zeit zeugen von der komplexen und facettenreichen spirituellen Praxis der Wikinger. In den stillen Dunkelheiten von uralten Gräbern und den tiefen Schichten längst vergangener Siedlungen finden wir Hinweise auf den nordischen Schamanismus in seiner vollen Blüte. Instrumente der Trance und des Rituals – Trommeln mit Elchfell bespannt, deren Klang den Schamanen in andere Welten trug, Stäbe mit kunstvoll geschnitzten Spitzen, die als Wegweiser in der Geisterwelt dienten – zeugen von einer tiefgreifenden schamanischen Praxis.

Runensteine, in denen die heiligen Schriftzeichen der Nordmänner eingraviert sind, erzählen Geschichten von Göttern und Helden, von Liebe und Krieg, von Segen und Fluch. Sie vermitteln nicht nur eine mystische Sprache, sondern dienen auch als Brücken zu den göttlichen Mächten und als Werkzeuge zur Manifestation des Willens.

Amulette und Talismane, in denen die Macht der Runen und die Energie der Götter eingeschlossen sind, waren bei den Menschen der Wikingerzeit allgegenwärtig. Diese kraftvollen Gegenstände dienten als Schutz, als Segen, als Symbole der persönlichen Macht und Verbindungen zum Göttlichen.

Die spirituellen Artefakte, die wir aus dieser Zeit erhalten haben, offenbaren ein reiches Pantheon von Göttern, Geistern und mythischen Kreaturen. Es sind Zeugnisse einer Welt, in der das Göttliche in allen Dingen gesehen wurde, in der Bäume und Flüsse, Tiere und Steine, Himmel und Erde mit spirituellen Wesenheiten erfüllt waren.

So gesehen war die Wikingerzeit nicht nur eine Ära der Entdeckung und Expansion, sondern auch eine Zeit, in der der nordische Schamanismus in seiner ganzen Fülle zum Ausdruck kam – eine Zeit, in der das Spirituelle und das Alltägliche unzertrennlich miteinander verwoben waren und der Schamanismus das Herzstück des nordischen Lebens bildete.

Herausforderungen und Überleben: Die Christianisierung Skandinaviens

Die Ankunft des Christentums in Skandinavien im 11. Jahrhundert läutete eine Zeit des Wandels und der Herausforderungen für den nordischen Schamanismus ein. Dieser Übergang war kein plötzlicher Umschwung, sondern ein Prozess, der sich über mehrere Jahrhunderte erstreckte, in dem sich Konflikte, Vermischungen und Anpassungen abspielten. Das schamanische Glaubenssystem, das jahrhundertelang die spirituelle Landschaft Skandinaviens geprägt hatte, sah sich plötzlich mit einer neuen, mächtigen Religion konfrontiert, die aus dem Süden kam und sich schnell über die nordischen Königreiche verbreitete.

Mit der fortschreitenden Christianisierung wurden die alten Wege und Praktiken unterdrückt, verbannt und sogar verboten. Die Stätten des alten Glaubens wurden entweiht, die Tempel zerstört, die alten Götter durch das Kreuz ersetzt. Der nordische Schamanismus, einst das Herzstück des spirituellen Lebens in Skandinavien, wurde in den Untergrund gedrängt, verborgen vor den Augen der neuen Machthaber.

Doch trotz der harten Unterdrückung und des Kulturwandels gelang es dem nordischen Schamanismus, im Verborgenen weiter zu bestehen. Die uralten Traditionen, die seit Generationen weitergegeben wurden, konnten nicht so leicht ausgelöscht werden. Sie lebten weiter, versteckt in den Tiefen der Volksmärchen und Sagen, die die Menschen am Kaminfeuer erzählten. Sie überlebten in den alten Heilungsritualen und den Liedern, die die Frauen beim Spinnen sangen. Sie wurden behütet in den Geheimnissen der Familien und Gemeinschaften, die diese kostbaren Praktiken und Wissensstücke sorgsam von Generation zu Generation weiterreichten.

Diese Überlieferungen, obwohl oft verschlüsselt und verborgen, bewahrten das Herz des nordischen Schamanismus. Sie trugen die Spuren der alten Götter und Geister, der mythischen Geschichten und der heilenden Rituale. Sie hielten die Verbindung zur Natur und zur spirituellen Welt aufrecht, eine Verbindung, die im Kern des Schamanismus liegt.

Die Traditionen des nordischen Schamanismus zeigten eine beeindruckende Widerstandsfähigkeit und Anpassungsfähigkeit, sie webten sich in das Gewebe des neuen Glaubens ein, sie überlebten in den Rändern und Zwischenräumen. Und so, obwohl im Schatten, blieb der nordische Schamanismus lebendig, bewahrte seine Weisheit und wartete auf die Zeit, in der er wieder vollständig anerkannt und geachtet werden würde.

Die Renaissance des nordischen Schamanismus: Wiederentdeckung in der modernen Zeit

In der heutigen Zeit erlebt der nordische Schamanismus eine Renaissance. Menschen aus der ganzen Welt fühlen sich von seiner tiefen Verbundenheit mit der Natur, seiner kraftvollen Mythologie und seinen wirksamen spirituellen Praktiken angezogen. Die Weisheit des nordischen Schamanismus spricht zu den tiefsten Sehnsüchten unserer Zeit: nach einer ganzheitlicheren Beziehung zur Natur, nach echter spiritueller Erfahrung und nach einer tiefgreifenden persönlichen Transformation.

Betrachten Sie die regionalen Variationen des nordischen Schamanismus, so entdecken Sie eine Fülle von Unterschieden. Einen bedeutenden Beitrag leisten hierbei die Sami, ein indigenes Volk, das sich über das heutige Norwegen, Schweden, Finnland und die russische Kola-Halbinsel erstreckt. Ihre mystischen Traditionen, die von einer tiefen Verbindung zur arktischen Wildnis und von ausgeprägten Praktiken der Geistreisen, dem Trommeln und dem Joik-Gesang geprägt sind, bilden einen wesentlichen Aspekt des nordischen Schamanismus.

Weiter südlich, im Herzen Skandinaviens, finden sich die alten Praktiken der Wikinger in Dänemark und Norwegen. Trotz der geographischen Distanz und der unterschiedlichen Lebensbedingungen teilen die Sami und die Wikinger jedoch einen gemeinsamen Kern in ihren spirituellen Überzeugungen und Praktiken.

Alle diese Pfade, sei es der stille, eisige Atem des hohen Nordens, der die Sami-Traditionen prägt, oder der raue Meereswind, der die Lebensweise der Wikinger formte, teilen eine gemeinsame Wurzel, eine gemeinsame Essenz. Sie alle sind Ausdruck des nordischen Schamanismus, eines Weges, der tiefe Wurzeln in der nordischen Erde hat und zugleich den Himmel berührt.

Regionale Ausprägungen des nordischen Schamanismus

Obwohl der nordische Schamanismus in den kulturellen und spirituellen Praktiken der vorchristlichen Völker des nördlichen Europas verwurzelt ist, hat er sich im Laufe der Zeit und durch geographische Unterschiede in unterschiedliche regionale Ausprägungen entwickelt. Die schamanischen Traditionen Skandinaviens, Islands, der britischen Inseln und der baltischen Regionen haben jeweils ihre eigenen Besonderheiten, die sowohl auf Umweltbedingungen als auch auf historischen und soziokulturellen Faktoren basieren.

Die schamanischen Praktiken in Skandinavien, zum Beispiel, sind stark durch die raue Natur und die lange Geschichte der Seefahrt und des Handels geprägt. So sind Meeresgottheiten und Wassergeister in diesen Traditionen besonders prominent und es gibt eine starke Betonung von Reisen, sowohl physisch als auch spirituell.

Die isländische Tradition wiederum wurde stark durch die Isolation der Insel und die Nähe zu den Naturgewalten geprägt. Hier finden sich häufig Praktiken und Glaubenssysteme, die Vulkanen, Geysiren und anderen Naturphänomenen Tribut zollen. Zudem wird hier die Seidr-Praxis, die spirituellen Reisen, besonders hervorgehoben.

Auf den britischen Inseln, die früher von den Kelten bewohnt und später von den Wikingern erobert wurden, hat sich eine einzigartige Mischung aus keltischen und nordischen Traditionen entwickelt. Hier finden wir einen starken Schwerpunkt auf Heldenmythen und auf das Epos der Artussage, die in die Praktiken des Schamanismus integriert wurden.

In den baltischen Regionen, die von einer Vielzahl ethnischer Gruppen bewohnt werden, hat sich ein Schamanismus entwickelt, der die Einflüsse der Ureinwohner, der Slawen und der nordischen Völker in sich vereint. Hier finden sich ein besonderes Augenmerk auf die Verehrung der Ahnen und eine starke Verbindung zur Natur und zu den Elementen.

Jede dieser regionalen Ausprägungen trägt ihren eigenen Reichtum und ihre eigene Tiefe in sich und es ist diese Vielfalt, die den nordischen Schamanismus zu einem so lebendigen und faszinierenden spirituellen Pfad macht.

Glaubenssystem und Kosmologie

Grundlagen des Glaubenssystems im nordischen Schamanismus

Gedankenexperiment
Stellen Sie sich den nordischen Schamanismus als einen uralten Baum vor, einen Weltenbaum, dessen Wurzeln tief in das dunkle Herz der Erde hinabreichen und dessen Äste sich ehrfürchtig zum Sternenhimmel emporstrecken. Dieser Baum, pulsierend mit dem Leben aller Welten, symbolisiert das System der nordischen spirituellen Überzeugungen und Praktiken. Jeder Zweig, jedes Blatt, jede Rinde, jedes Stück Moos, jede Wurzel, sie alle erzählen Geschichten von Geistern und Göttern, von Mythen und Legenden, von Schicksal und Willen.

In der Mitte des nordischen Glaubenssystems steht das Konzept des *Wyrd*-Netzes, einer bildhaften Darstellung des Schicksals als ein komplexes, verflochtenes Geflecht von Ursache und Wirkung. Jede Handlung, jede Entscheidung, jedes Ereignis wirft Fäden in dieses Netz und beeinflusst dadurch das Gewebe der Realität. Wie ein erfahrener Weber, der das Muster in einem komplizierten Wandteppich erkennt, versteht der nordische Schamane die Ströme und Strukturen des *Wyrd*. Durch seine spirituellen Praktiken hat er die Fähigkeit, das Schicksalsgeflecht zu berühren und zu formen, um Heilung, Schutz oder Führung zu erbitten.

Darüber hinaus ist der nordische Schamanismus tief in der Ehrfurcht vor und der Verehrung der natürlichen Welt verwurzelt. Hier wird jedes Element der Natur – ob Baum, Fluss, Tier oder Stein – als lebendiges, spirituelles Wesen angesehen. Sie sind die Wohnstätten von Geistern, den sogenannten *Wights*, die Respekt und Anerkennung verdienen. Als Mittler zwischen den Welten steht der nordische Schamane in ständigem Dialog mit diesen Geistern, lernt von ihnen, ehrt sie und arbeitet mit ihnen zusammen, um Harmonie und Gleichgewicht in der natürlichen und spirituellen Welt zu fördern.

Karte der nordischen Kosmologie

Die Kosmologie des nordischen Schamanismus ist eine facettenreiche, mehrdimensionale Landkarte des Universums. Man glaubt, dass das Universum aus neun miteinander verbundenen Welten besteht, die alle an dem gewaltigen Weltenbaum *Yggdrasil* verankert sind. Yggdrasil ist mehr als nur ein Baum – er ist die *Achse Mundi*, die kosmische Achse, die alle Welten miteinander verbindet und durch die die Lebensenergie fließt.

- **Asgard**, die funkelnde Festung der Aesir, der Götter des Krieges und der Weisheit.
- **Alfheim**, das leuchtende Reich der Lichtelfen, mystische Wesen der Schönheit und Güte.
- **Vanaheim**, die fruchtbare Heimat der Vanir, der Götter der Fruchtbarkeit und des Wohlstands.
- **Midgard**, die Welt der Menschen, umgeben von einem gewaltigen Ozean und bewacht von der Midgard-Schlange.
- **Jotunheim**, das wilde und raue Land der Riesen, das von hohen Gebirgen und dunklen Wäldern geprägt ist.
- **Svartalfheim**, die dunkle Welt der Zwerge und Schwarzelfen, geheimnisvolle Schmiede und Kunsthandwerker.
- **Niflheim**, das frostige Reich der Nebel und des Eises, wo das Ungeformte und das Chaos herrschen.
- **Muspelheim**, das flammende Land der Feuerriesen, ein Ort der Hitze und der Zerstörung.
- **Helheim**, das stille Reich der Toten, regiert von der ehrfurchtgebietenden Göttin Hel.

Jede dieser Welten birgt ihre eigenen Geheimnisse, beherbergt ihre eigenen Bewohner und offenbart ihre eigenen Weisheiten. Um diesen Schatz an Wissen und Erkenntnissen zu erschließen, begibt sich der nordische Schamane auf sogenannte Seidr- oder Utiseta-Reisen.

Seidr ist eine alte nordische Form der Schamanenpraxis, die sowohl Elemente der Ekstase als auch der Weissagung beinhaltet. Diese Praxis ermöglicht es dem Schamanen, in andere Bewusstseinszustände zu gelangen und so Zugang zu den verschiedenen Ebenen der Wirklichkeit zu erlangen. In diesem Zustand kann er mit Göttern, Ahnen und Geistern kommunizieren, um Rat, Heilung oder Weisheit zu erbitten.

Utiseta hingegen ist eine Form der spirituellen Praxis, die auf das Sitzen an heiligen oder besonderen Orten in der Natur zurückgeht, oft in völliger Stille und Isolation. Dies dient dazu, sich in Einklang mit den natürlichen Kräften und Wesenheiten zu bringen und offen für ihre Botschaften und Einflüsse zu werden. Während einer Utiseta-Reise bleibt der Schamane physisch an einem Ort, während er spirituell die verschiedenen Welten bereist.

Beide Praktiken sind zentrale Elemente des nordischen Schamanismus und dienen dazu, den Schamanen in seinen Bestrebungen nach Wissen, Heilung oder Hilfe zu unterstützen.

Beziehung zwischen Glaubenssystem und schamanischer Praxis

Stellen Sie sich das Glaubenssystem und die schamanischen Praktiken im nordischen Schamanismus als zwei Ströme vor, die aus derselben Quelle entspringen und sich durch das gleiche Bett schlängeln. Sie sind untrennbar miteinander verflochten, in einem ständigen Austausch, in einer ständigen Bewegung. Der nordische Schamane ist nicht nur ein Beobachter dieser Ströme, sondern ein Teil von ihnen. Seine Spiritualität ist kein abstraktes Konzept, kein Nebenprodukt des Alltags, sondern das Herzstück seines Daseins. In jedem Augenblick, in jedem Atemzug, ist er sich seiner Verbindung zum Netz des *Wyrd*, zu den Wesen der anderen Welten und zu den natürlichen Geistern bewusst.

Die rituellen Handlungen des nordischen Schamanismus – das Werfen der Runen, das Schlagen der Schamanentrommel, das Singen von Zaubergesängen (*Galdor*) oder das Durchführen von *Seidr* – sind weit mehr als bloße Zeremonien. Sie sind sowohl Ausdruck als auch Werkzeug des Glaubenssystems. Mit ihnen greift der Schamane in die Gewebefäden des *Wyrd*-Netzes ein, er kommuniziert mit den Göttern und den Ahnen, mit den Naturgeistern und den Bewohnern der neun Welten. Diese Praktiken ermöglichen es ihm, Heilung und Harmonie zu fördern, Führung zu erbitten und die Geheimnisse des Lebens und des Todes zu ergründen.

Es ist diese tiefe, ehrfurchtgebietende Verbindung mit dem Netz des Schicksals, mit den Naturgeistern und den neun Welten, die den nordischen Schamanen befähigt, als Vermittler, Heiler und Träger von Weisheit zu wirken.

Es ist ein Pfad der Hingabe und des Mutes, ein Pfad, der in die Tiefen des Unbekannten führt, der die Geheimnisse des Lebens und des Todes, des Sichtbaren und des Unsichtbaren erforscht. Ein Pfad, der den Schamanen immer wieder herausfordert, sein eigenes Herz und seine Seele, seine Wahrheit und seine Bestimmung zu erkennen und zu leben.

Schlüsselkonzepte und Prinzipien

Mit diesem Verständnis können nun die Schlüsselkonzepte und Prinzipien des nordischen Schamanismus näher betrachtet werden. Betrachten Sie den nordischen Schamanismus als einen reichen, vielschichtigen Teppich, gewoben aus zahllosen Fäden. Jeder dieser Fäden stellt ein Konzept, ein Prinzip, ein Aspekt des schamanischen Weges dar. Einige dieser Fäden sind leuchtender, greifbarer, andere sind subtiler, verborgener. Doch alle sind sie Teil desselben Gewebes, alle tragen sie zur Gesamtheit des Bildes bei.

Zentrale Konzepte des nordischen Schamanismus

Das Wyrd-Netz

Ein zentrales Konzept des nordischen Schamanismus ist das des *Wyrd*-Netzes, das bereits besprochen wurde. Es ist eine metaphorische Darstellung des Schicksals als ein komplexes Gewebe aus Handlungen und Entscheidungen, aus Ursachen und Wirkungen. Der nordische Schamane versteht sich als Wissender dieser Muster und Strömungen und kann auf sie einwirken, um Heilung, Schutz und Führung zu erbitten.

Das Konzept der Neun Welten

In der nordischen Kosmologie ist der Gedanke der neun Welten, die auf der mächtigen Weltenesche *Yggdrasil* verankert sind, mehr als nur eine geographische Ordnung. Jede dieser Welten ist Heimat verschiedener Wesenheiten und repräsentiert unterschiedliche Aspekte der Wirklichkeit. Es sind Orte der Gottheiten, der Riesen, der Elfen und der Menschen, jeder mit seiner eigenen Atmosphäre, seinen eigenen Gesetzen und seiner eigenen Natur. Der nordische Schamane erkennt diese Welten als spirituelle Landschaften, die die Vielfalt des Lebens widerspiegeln und tiefgründige Einsichten in das Wesen des Seins bieten.

Die Fähigkeit, durch die Praxis des *Seidr* zwischen diesen Welten zu wechseln, ist für den Schamanen entscheidend. Diese spirituellen Reisen, oft begleitet vom rhythmischen Schlagen der Trommel oder vom Gesang von Runen, ermöglichen ihm, die Grenzen der physischen Welt zu überwinden und in Kontakt mit den Wesenheiten der anderen Welten zu treten. Es ist ein Weg der Erkenntnis und der Transformation, eine Brücke zwischen den Welten, die dem Schamanen tiefe Weisheit und Inspiration verleiht.

Bedeutung des Weltenbaums, der Totemtiere und der Ahnenverehrung

Der Weltenbaum *Yggdrasil*, der in der Mitte aller Welten steht, ist nicht nur eine kosmologische Karte, sondern auch ein mächtiges spirituelles Symbol. Er verkörpert die Verbindung von Himmel und Erde, von Ober- und Unterwelt, von Geist und Materie. Der Baum, mit seinen tief reichenden Wurzeln und weit ausladenden Ästen, symbolisiert auch den ewigen Kreislauf von Wachstum, Tod und Wiedergeburt und den unendlichen Fluss der Lebensenergie.

Für den nordischen Schamanen ist *Yggdrasil* mehr als nur ein Symbol – er ist ein lebendiges, atmendes Wesen, ein verlässlicher Verbündeter auf der spirituellen Reise. Er dient als Achse für die Seelenreisen, als Pfad zwischen den Welten und als Tor zu den tieferen Ebenen des Bewusstseins.

Die Rolle von Totemtieren oder Krafttieren im nordischen Schamanismus ist ebenso tiefgründig. Diese Tiere, ob in der physischen Welt oder im Geistreich angetroffen, repräsentieren bestimmte Qualitäten, Kräfte und Weisheiten, die dem Schamanen auf seinem Weg dienen können. Ob es sich um den mutigen Wolf, den weisen Raben oder die veränderliche Schlange handelt, jedes Totemtier hat seine eigene Botschaft und Lehre zu vermitteln. Durch Träume, Visionen oder Rituale kann der Schamane mit seinem Totemtier in Kontakt treten, sein Wesen erforschen und seine Kraft in sein eigenes Leben integrieren.

Die Ahnenverehrung ist ein weiteres zentrales Element des nordischen Schamanismus. Die Ahnen, die Vorfahren des Blutes und des Geistes, werden nicht als fern oder vergessen betrachtet, sondern als lebendige Geister, die immer noch Teil des Lebens sind. Sie sind Quellen der Weisheit, der Führung und des Schutzes, deren Stimmen in den Winden gehört werden können und deren Präsenz in den Mustern des Lebens gefühlt werden kann. Durch Rituale, Gebete und Opfergaben hält der nordische Schamane die Verbindung zu seinen Ahnen lebendig, ehrt ihre Erinnerung und zieht Kraft aus ihrer fortwährenden Gegenwart.

Ethische Prinzipien im nordischen Schamanismus

Der Pfad des nordischen Schamanismus ist nicht nur ein Weg der spirituellen Erkenntnis, sondern auch ein Weg der ethischen Integrität.

Definition: Ethische Integrität

„Ethische Integrität" ist ein zentraler Begriff, der die moralische Aufrichtigkeit und Prinzipientreue einer Person oder Institution bezeichnet. Dieser Begriff spielt eine wichtige Rolle im Kontext des nordischen Schamanismus.

Im Kern bedeutet ethische Integrität, zu den eigenen Werten und Prinzipien zu stehen und danach zu handeln – unabhängig von äußeren Umständen oder persönlichen Vorteilen. Dabei kann es sich um grundsätzliche ethische Normen wie Ehrlichkeit, Respekt, Verantwortlichkeit und Fairness handeln. Im Kontext des nordischen Schamanismus erweitert sich dieser Wertekatalog jedoch um Prinzipien wie Ehrfurcht vor der Natur, Respekt vor allen Lebewesen, Achtsamkeit gegenüber der spirituellen Welt und Verantwortung für das eigene spirituelle Wachstum.

Ethische Integrität erfordert auch die Bereitschaft, eigene Fehltritte und Schwächen anzuerkennen und sich dafür einzusetzen, das eigene Verhalten und die eigenen Entscheidungen stetig zu verbessern. Sie ist somit nicht nur eine statische Eigenschaft, sondern ein dynamischer Prozess des Wachstums und der Selbstreflexion.

Für den nordischen Schamanen ist ethische Integrität von besonderer Bedeutung. Sie dient ihm als Kompass auf seinem spirituellen Pfad und leitet sein Handeln in der Beziehung zu anderen Wesen, zur Natur und zur spirituellen Welt. Die Aufrechterhaltung ethischer Integrität ist eine zentrale Aufgabe für jeden Schamanen und ein wesentlicher Bestandteil seiner spirituellen Praxis.

Eingewoben in das Gewebe des kosmischen *Wyrd* sind moralische Leitlinien und Prinzipien, die den Schamanen in seinen Handlungen leiten und seine Beziehung zur Welt um ihn herum prägen.

Eines der zentralen ethischen Prinzipien im nordischen Schamanismus ist der tiefe Respekt gegenüber allen Lebewesen. Von der kleinsten Ameise bis zum größten Wal, vom stillen Stein bis zum stürmischen Wind – jede Entität wird als wertvolles Mitglied des großen Webens des Lebens anerkannt. Jedes Wesen trägt seine eigene Würde und seine eigene Heiligkeit in sich und der Schamane versteht es als seine Pflicht, diese zu achten und zu bewahren.

Ein weiteres grundlegendes Prinzip ist die Achtung der Freiheit des Einzelnen. Jede Seele hat ihren eigenen Pfad zu gehen, ihre eigenen Lektionen zu lernen, ihre eigenen Entscheidungen zu treffen. Der nordische Schamane erkennt diese individuelle Autonomie an und bemüht sich, sie in seinem

Handeln zu respektieren. Er bietet Führung und Unterstützung an, doch er versteht, dass letztendlich jeder seine eigene Reise macht.

Die Verantwortung für das eigene Handeln und für die Gemeinschaft ist ein weiterer zentraler Wert im nordischen Schamanismus. Jede Tat hat ihre Konsequenzen, jeder Gedanke formt das *Wyrd*, jedes Wort hinterlässt seine Spuren in der Welt. Der Schamane ist sich dieser Macht bewusst und strebt danach, sie mit Weisheit und Mitgefühl zu nutzen. Er trägt nicht nur Verantwortung für sein eigenes Leben, sondern auch für das Wohl seiner Gemeinschaft und des größeren Ganzen.

Zudem ist der sorgfältige Umgang mit der natürlichen Welt und ihren Ressourcen ein wesentliches Prinzip des nordischen Schamanismus. Die Erde ist die Mutter aller Lebewesen, die Quelle aller Nahrung und aller Schönheit, das Fundament des Lebens selbst. Der Schamane versteht sich als Hüter und Beschützer dieser wertvollen Gabe und bemüht sich, ihre Integrität und ihr Gleichgewicht zu bewahren.

Ebenso wichtig ist die Suche nach Gleichgewicht und Harmonie in allen Aspekten des Lebens. Der nordische Schamane erkennt die Polaritäten des Seins an – Licht und Dunkelheit, Leben und Tod, Freude und Leid – und strebt danach, sie in ein harmonisches Gleichgewicht zu bringen. Es ist ein Tanz auf dem schmalen Grat, ein ständiges Streben nach Ausgleich und Integration, ein unendliches Weben des *Wyrd*.

Diese Vielfalt an Konzepten und Prinzipien macht den nordischen Schamanismus zu einem reichen, vielschichtigen Pfad. Es ist ein Weg der ständigen Entdeckung und Erneuerung, ein Weg der Selbst-Erforschung und Welt-Erfahrung, ein Weg, der sowohl in die Tiefen des Inneren als auch in die Weiten des Universums führt. Es ist der Pfad des nordischen Schamanismus, ein Weg voller Mysterien und Wunder, ein Pfad, der immer wieder aufs Neue betreten und erforscht werden will.

Die schamanische Seelenreise

Freuen Sie sich nun auf eine ungewöhnliche Reise – eine Reise, die nicht durch die materiellen Landschaften dieser Erde führt, sondern durch die unendlichen Weiten des menschlichen Bewusstseins. Es ist die Reise der Seele, ein zentraler Aspekt des nordischen Schamanismus, der Ihnen Türen zu verborgenen Wahrheiten und bisher ungeahnten Erfahrungen öffnen kann.

Gedankenexperiment
Stellen Sie sich vor, wie Sie durch die nebelverhangenen Wälder des Nordens wandern, auf einem uralten Pfad, der von Generationen von Suchenden betreten wurde. Sie können den Duft der Erde riechen, das ferne Rauschen eines Flusses hören und den Wind, der sanft durch das Laub der Bäume streicht, auf Ihrer Haut spüren. Und während Sie gehen, beginnen Sie, zu fühlen, dass etwas in Ihnen sich verändert. Sie sind immer noch im Wald, doch der Wald ist nicht mehr nur eine physische Landschaft. Er ist eine Metapher, ein Symbol für die tiefen, unerforschten Weiten Ihrer eigenen Seele.

Die schamanische Seelenreise, wie wir sie im nordischen Schamanismus verstehen, ist genau das – eine Reise ins Innere, eine Erkundung der tiefen und oft verborgenen Landschaften unserer inneren Welt. Es ist ein Weg, auf dem Sie sich selbst begegnen, Ihre verborgenen Ängste und Wünsche erkunden, Ihre größten Stärken und Schwächen kennenlernen und Ihre tiefsten Wahrheiten und Sehnsüchte entdecken.

Doch die Seelenreise ist mehr als nur eine innere Erforschung. Sie ist auch ein Dialog, eine Begegnung mit den spirituellen Wesen und Energien, die in den vielen Ebenen und Dimensionen unserer Realität existieren. Sie ermöglicht Ihnen den Zugang zu einer Quelle von Weisheit und Erkenntnis, die weit über Ihre individuellen Erfahrungen und Vorstellungen hinausgeht.

Die schamanische Seelenreise ist eine Praxis, die Ihre Konzentration, Ihren Mut und Ihre Offenheit fordert. Sie verlangt von Ihnen, dass Sie bereit sind, die vertraute Sicherheit Ihrer alltäglichen Wahrnehmung zu verlassen und sich auf das Unbekannte, das Geheimnisvolle einzulassen. Doch sie bietet Ihnen auch unschätzbare Geschenke: die Möglichkeit zur Heilung, zur Selbsterkenntnis, zur spirituellen Transformation.

Möge diese Reise Sie dazu inspirieren, die unbekannten Wege Ihres eigenen Herzens zu erforschen und die Weisheit und Schönheit, die in Ihrer Seele verborgen liegen, zu entdecken. Gehen Sie mit Bedacht und Neugier, mit Respekt und Offenheit. Denn das ist der Weg des nordischen Schamanen. Die Reise beginnt ...

Einführung in die Seelenreise

Der Ablauf

Eine schamanische Seelenreise, auch bekannt als schamanische Reise oder Seelenflug, ist eine uralte Praxis, die in vielen Kulturen und Traditionen auf der ganzen Welt seit Menschengedenken existiert. Der nordische Schamanismus ist eine solche Tradition, in der die Seelenreise tief verankert ist. Diese außergewöhnliche Erfahrung dient als Heilwerkzeug, bietet Möglichkeiten zur persönlichen Transformation und ermöglicht tiefe Einblicke in das Wesen der Seele und des Universums.

Die Reise selbst beginnt in der Regel mit einer Phase der Vorbereitung. Das kann eine bestimmte Art der Reinigung sein, eine rituelle Handlung oder auch Meditation, um sich auf die bevorstehende Erfahrung einzustimmen. Diese Vorbereitungsphase ist wichtig, um die nötige Einstellung und Klarheit zu erlangen und den Geist für die bevorstehende Reise zu öffnen.

Sobald die Vorbereitung abgeschlossen ist, beginnt die eigentliche Seelenreise. Dabei verwenden Sie spezielle Techniken zur Veränderung Ihres Bewusstseinszustandes, um in eine andere Dimension der Wirklichkeit einzutreten. Diese Techniken können Atemübungen, rhythmische Bewegungen oder Klänge, wie das Schlagen einer Trommel oder das Singen von Liedern und Mantras, umfassen.

Exkurs: Die Bedeutung und Anwendung von Mantras im nordischen Schamanismus

Obwohl der Ursprung der Mantras in der hinduistischen und buddhistischen Tradition liegt, ist die Essenz des Mantras – die Wiederholung eines Wortes, einer Silbe oder eines Satzes – universell und findet sich ebenfalls im nordischen Schamanismus. Wiederholte Laute oder Wörter erzeugen Schwingungen, die in der Lage sind, den energetischen Zustand zu verändern und somit einen Wandel des Bewusstseins herbeizuführen.

Im nordischen Schamanismus dienen oft die Runen, das alte Alphabet der germanischen Völker, als Mantras. Jede Rune repräsentiert nicht nur einen Buchstaben, sondern auch ein spezifisches Konzept oder eine bestimmte Energie. Indem Sie diese Runen in Form von Mantras verwenden, manifestieren Sie gezielt bestimmte Energien oder Zustände, die Ihre Seelenreise unterstützen.

Nehmen Sie beispielsweise die Rune „Eihwaz", die die Yggdrasil, den Weltenbaum, repräsentiert. Indem Sie „Eihwaz" als Mantra nutzen, singen oder rezitieren, knüpfen Sie tiefere Verbindungen zu allen Ebenen der Existenz – von den tiefen Wurzeln in der Erdmutter bis zu den hohen Ästen, die den Himmel berühren.

In diesem veränderten Bewusstseinszustand haben Sie die Möglichkeit, tiefer in Ihre innere Landschaft einzutauchen und jenseits der physischen Welt zu reisen. Sie können auf diese Weise Zugang zu verborgenen Wissensquellen und Heilkräften erlangen und mit verschiedenen spirituellen Wesenheiten in Kontakt treten, darunter Tiergeister, Ahnen oder andere spirituelle Führer, die Ihnen Orientierung und Unterstützung bieten können.

Die Seelenreise ist nicht nur eine Reise in die spirituellen Dimensionen des Seins, sondern auch eine tiefgreifende Selbstentdeckungsreise. Sie ermöglicht es Ihnen, sich selbst aus einer neuen Perspektive zu sehen, verborgene Aspekte Ihrer Persönlichkeit zu erkunden und Ihre Verbindung zum Universum zu vertiefen. Sie kann Ihnen dabei helfen, Ihr Leben in einem größeren Zusammenhang zu betrachten und eine neue Klarheit über Ihre Rolle und Ihren Platz im Kosmos zu erlangen.

Schließlich, nachdem Sie durch diese spirituellen Landschaften gereist sind, kehren Sie wieder in Ihren alltäglichen Bewusstseinszustand zurück, oft mit einer veränderten Wahrnehmung von sich selbst und der Welt. Diese Erfahrung kann Ihr Leben auf tiefgreifende Weise verändern und bereichern, indem sie Ihnen neue Einblicke, Verständnisse und Heilkräfte bietet, die Sie in Ihr tägliches Leben integrieren können.

Eine klare Absicht

Bevor Sie den Sprung in die unbekannte Weite der Seelenreise wagen, sollten Sie Ihre persönliche Absicht festlegen. Diese Absicht agiert wie ein Leuchtturm, der Sie durch die nebelverhüllten Landschaften Ihrer inneren Welten führt. Die Absicht kann vielseitig sein und sich an Ihren individuellen Bedürfnissen und Fragestellungen orientieren. Doch ist es von zentraler Bedeutung, dass Sie sich Ihrer Absicht bewusst sind und sie fest in Ihrem Herzen verankern. Lassen Sie uns drei mögliche Absichten für Ihre Seelenreise betrachten, um Ihnen einen Eindruck von ihrer Vielfalt und Bedeutung zu geben:

• Klarheit in einer Lebenssituation

Angenommen, Sie fühlen sich in Ihrer gegenwärtigen Lebenslage unsicher oder verwirrt. Vielleicht stehen Sie vor einer wichtigen Entscheidung oder an einem Scheideweg und wissen nicht, welchen Pfad Sie einschlagen sollen. In diesem Fall könnte Ihre Absicht für die Seelenreise lauten: *„Ich beabsichtige, klare Einsichten und Führung für meine aktuelle Situation zu erhalten."*

• Innere Heilung

Möglicherweise tragen Sie emotionale Wunden oder traumatische Erlebnisse in sich, die Heilung suchen. Ihre Absicht könnte dann darauf abzielen, diese tief verankerten Wunden zu heilen und mit Ihrer Vergangenheit ins Reine zu kommen. Eine passende Absicht könnte so formuliert werden: *„Ich beabsichtige, Heilung und Versöhnung für meine Vergangenheit zu finden."*

- **Spirituelle Transformation**

Vielleicht verspüren Sie eine tiefe Sehnsucht, Ihr spirituelles Wachstum zu intensivieren und eine stärkere Verbindung zum Universum zu entwickeln. Sie könnten danach streben, Ihre spirituelle Entwicklung zu vertiefen und einen größeren Sinn in Ihrem Leben zu entdecken. In diesem Fall könnte Ihre Absicht wie folgt lauten: *„Ich beabsichtige, spirituelle Transformation und Erwachen zu erleben."*

Egal, welcher Natur Ihre Absicht ist, es ist entscheidend, dass Sie sie ernst nehmen und sie als Ihren Leitfaden für die Seelenreise nutzen. Sie sollte tief aus Ihrem Herzen kommen und einen echten Wunsch oder eine Sehnsucht widerspiegeln. Ihre Absicht ist Ihr Kompass, der Sie durch die oft ungewohnten und unerforschten Territorien Ihrer Seelenreise navigiert.

Halten Sie Ihre Erfahrungen fest

Ebenso wichtig ist es, Ihre Erfahrungen auf Ihrer Seelenreise festzuhalten. Hierbei kann ein Journal ein wertvolles Werkzeug sein, das es Ihnen ermöglicht, Ihre Erinnerungen und Erkenntnisse zu sammeln und zu reflektieren. Nachfolgend eine einfache, aber effektive Methode zur Nutzung eines Journals.

- **Auswahl des Journals**

Wählen Sie ein Journal aus, das Ihnen gefällt. Dies könnte ein einfaches Notizbuch sein oder ein schön gebundenes Tagebuch. Es ist wichtig, dass Sie sich damit wohlfühlen, da es ein vertrauter Begleiter auf Ihrer Reise wird.

- **Einrichten des Journals**

Dekorieren Sie das Journal nach Belieben. Vielleicht möchten Sie es mit Symbolen versehen, die Sie mit Ihrer spirituellen Reise in Verbindung bringen, oder Sie könnten ein spezielles Zeichen oder eine Rune auf die erste Seite zeichnen, um das Buch zu „öffnen".

- **Festhalten der Erfahrungen**

Nehmen Sie sich nach jeder Seelenreise Zeit, um Ihre Erfahrungen niederzuschreiben. Notieren Sie, was Sie auf Ihrer Reise gesehen und gefühlt haben, welche Erkenntnisse Sie gewonnen haben und wie Sie diese in Ihr Leben integrieren können. Achten Sie dabei nicht nur auf große Erkenntnisse, sondern auch auf kleine Details, denn oft liegt die Bedeutung in den Nuancen.

- **Reflektieren und Integrieren**

Lesen Sie regelmäßig Ihre Einträge durch und reflektieren Sie darüber. Manchmal werden Muster oder Botschaften, die Ihnen zunächst nicht klar waren, im Nachhinein offensichtlich. Nutzen Sie diese Gelegenheit, um zu betrachten, wie Sie die gewonnenen Erkenntnisse in Ihr tägliches Leben integrieren können.

• **Dokumentieren Sie Ihren Weg**

Das Führen eines Journals hilft Ihnen nicht nur, Ihre Erfahrungen besser zu verstehen, sondern auch, Ihre Reisen über die Zeit hinweg zu verfolgen und Ihren persönlichen Wachstums- und Transformationsprozess zu dokumentieren. Schätzen Sie dieses Buch als den wertvollen Schatz, der es ist: ein Zeugnis Ihres Wachstums und Ihrer Entwicklung auf Ihrer schamanischen Reise.

Mit diesen Schritten wird Ihr Journal zu einem wertvollen Begleiter auf Ihrer spirituellen Reise im nordischen Schamanismus.

Die Reise der Seele ist ein kraftvolles, manchmal herausforderndes, aber letztlich bereicherndes Unterfangen. Es erfordert Mut und Offenheit, sich auf das Unbekannte einzulassen und sich den tiefen Schichten des Bewusstseins zu öffnen. Doch wenn Sie diesen Weg mit Respekt und Ehrfurcht beschreiten, können Sie eine Welt entdecken, die voller Wunder und Weisheit ist – die Welt Ihrer eigenen Seele.

Vorbereitung und Schutz

Die Pforten zu den anderen Welten stehen bereit, doch bevor Sie diese Schwelle überschreiten, ist es von entscheidender Bedeutung, sich angemessen vorzubereiten und zu schützen. Die Vorbereitung für eine schamanische Seelenreise ist genauso wichtig wie die Reise selbst und sollte mit Achtsamkeit und Respekt behandelt werden.

Die Reinigung

Die Vorbereitungen für Ihre Reise beginnen mit einer Phase der Reinigung. Diese Reinigung findet sowohl auf der körperlichen als auch auf der energetischen Ebene statt und bereitet Sie und Ihren Raum vor, um als würdige Gefäße für die bevorstehende spirituelle Arbeit zu dienen.

Eine körperliche Reinigung könnte beispielsweise ein entspannendes Bad beinhalten. Fügen Sie dem Wasser Meersalz hinzu, um Unreinheiten aus Ihrem energetischen Feld zu ziehen, und visualisieren Sie, wie alle Sorgen und Ängste von Ihnen abfließen. Hier eine schrittweise Anleitung:

- Füllen Sie Ihre Badewanne mit warmem Wasser.
- Geben Sie etwa eine Tasse Meersalz hinzu.
- Steigen Sie ins Wasser und legen Sie sich hin, sodass Ihr Körper vollständig bedeckt ist.
- Schließen Sie die Augen und atmen Sie tief durch.
- Stellen Sie sich vor, wie das salzige Wasser alle negativen Energien absorbiert und von Ihnen wegspült.
- Bleiben Sie mindestens 20 Minuten lang im Wasser liegen.

Zur energetischen Reinigung Ihres Raums können Sie die Technik des Räucherns nutzen, eine alte Praxis, die in vielen Traditionen auf der ganzen Welt zu finden ist. In der nordischen Tradition werden oft Kräuter wie Salbei oder Wacholder verwendet. Hier ist eine einfache Anleitung, wie Sie dies tun können:

- Zünden Sie ein Bündel Salbei oder Wacholder an, bis es anfängt, zu rauchen.
- Gehen Sie mit dem rauchenden Bündel durch den Raum und lassen Sie den Rauch in alle Ecken und Winkel strömen.
- Während Sie dies tun, stellen Sie sich vor, wie der Rauch alle negativen Energien absorbiert und den Raum mit Licht und positiver Energie füllt.
- Sie können auch ein einfaches Gebet oder eine Intention sprechen, wie zum Beispiel: „Ich reinige diesen Raum von allen negativen Energien und fülle ihn mit Licht und Liebe."
- Lassen Sie den Rauch einige Minuten lang wirken, bevor Sie das Fenster öffnen, um den Rauch und die negativen Energien hinauszulassen.

Diese Praktiken dienen dazu, Ihren Körper und Ihren Raum zu klären und auf die bevorstehende Reise vorzubereiten. Sie schaffen eine ruhige, friedliche Atmosphäre, die förderlich für die Innenschau und die spirituelle Verbindung ist.

Ihr Schutzritual

Der Schutz vor, während und nach der Seelenreise ist von zentraler Bedeutung. Dieser Schutz kann auf vielfältige Weise gewährleistet werden, beispielsweise durch ein Ritual, das vor der Reise durchgeführt wird, um eine sichere und heilige Umgebung zu schaffen. Dies kann die Form eines Gebets, das Anzünden einer Kerze oder das Tragen eines Amuletts haben.

Eine Möglichkeit, ein Schutzritual zu gestalten, könnte das Sprechen eines Gebets oder einer Absichtserklärung sein. Hier eine einfache Anleitung:

- Finden Sie einen ruhigen, ungestörten Ort, an dem Sie sich wohl und sicher fühlen.
- Schließen Sie die Augen und atmen Sie ein paar Male tief ein und aus.
- Sprechen Sie eine Absicht oder ein Gebet aus, in der bzw. dem Sie um Schutz während Ihrer Reise bitten. Zum Beispiel: „Ich rufe die schützenden Kräfte des Universums an, um mich auf meiner Reise zu begleiten und mich sicher zu halten. Möge meine Reise nur dem höchsten Wohl dienen."
- Verweilen Sie einen Moment in der Stille, um Ihre Worte zu ehren und ihre Energie zu fühlen.

Ein weiteres Schutzritual könnte das Anzünden einer Kerze beinhalten. Hier ist eine schrittweise Anleitung:

- Wählen Sie eine Kerze aus, die Sie speziell für diesen Zweck gewidmet haben.
- Zünden Sie die Kerze an und stellen Sie sie an einem sicheren Ort auf.
- Schauen Sie in die Flamme und visualisieren Sie, wie ein Lichtschild um Sie herum entsteht, das Sie während Ihrer Reise beschützt.
- Sprechen Sie eine Absicht aus oder beten Sie, wie zum Beispiel: „Möge dieses Licht mich auf meiner Reise schützen und leiten. Ich reise in Liebe und Licht."
- Lassen Sie die Kerze während Ihrer Reise brennen (achten Sie darauf, dass sie sicher steht und nichts entzünden kann).

Diese Rituale dienen dazu, eine sichere Umgebung zu schaffen, in der Sie Ihre Seelenreise ungestört und ohne Angst unternehmen können. Sie können Sie auch daran erinnern, dass Sie nicht allein sind, sondern von den schützenden Kräften des Universums begleitet werden.

Ihr schützender Raum

Das Erzeugen eines schützenden Raums, oft als „heiliger Kreis" bezeichnet, ist eine weitere wichtige Vorbereitungstechnik für die Seelenreise. Dabei wird durch Visualisierung eine Art energetische Barriere oder ein Schild um sich herum erzeugt, die bzw. der Sie vor unerwünschten Energien schützt und

Ihnen gleichzeitig als Anker dient. Es gibt verschiedene Techniken zur Erzeugung dieses schützenden Raums. Hier sind zwei davon:

Anleitung zur Visualisierung eines Lichtkreises

- Setzen Sie sich bequem hin oder legen Sie sich hin und schließen Sie die Augen.
- Atmen Sie ein paar Male tief ein und aus, um sich zu entspannen.
- Stellen Sie sich vor, wie ein helles, leuchtendes Licht aus Ihrem Herzen hervorquillt und sich um Sie herum ausdehnt, bis es einen Kreis um Sie herum bildet.
- Visualisieren Sie, wie dieses Licht immer stärker wird und Sie vollständig umgibt, sodass Sie sich in einer leuchtenden Blase oder einem Schild befinden.
- Halten Sie diese Visualisierung einen Moment lang aufrecht und setzen Sie dann Ihre Reise fort, während Sie sich in diesem Lichtschild sicher und geschützt fühlen.

Anleitung zur Erzeugung eines Runen-Schutzschilds

- Setzen Sie sich bequem hin oder legen Sie sich hin und schließen Sie die Augen.
- Atmen Sie ein paar Male tief ein und aus, um sich zu entspannen.
- Visualisieren Sie eine der schützenden Runen aus der nordischen Tradition, wie zum Beispiel Algiz, die Rune des Schutzes.
- Stellen Sie sich vor, wie diese Rune in goldenem oder silbernem Licht vor Ihnen erscheint und sich dann um Sie herum ausdehnt, bis sie einen Schild oder eine Blase um Sie herum bildet.
- Halten Sie diese Visualisierung einen Moment lang aufrecht und spüren Sie, wie die Kraft der Rune Sie auf Ihrer Reise schützt.

Beide Techniken haben zum Ziel, einen sicheren und geschützten Raum für Ihre Seelenreise zu schaffen. Sie dienen als energetische Barriere, die nur liebevolle und hilfreiche Energien durchlässt, und bieten Ihnen gleichzeitig einen Ankerpunkt während Ihrer Reise.

Visualisierung

Visualisierung ist eine mächtige Technik, die im Schamanismus oft genutzt wird. Sie erfordert, dass Sie sich mentale Bilder oder Szenarien vorstellen, um bestimmte Effekte zu erzielen. Im Kontext einer Seelenreise kann die Visualisierung dazu dienen, eine schützende Barriere zu erstellen, die Sie während Ihrer Reise sicherhält. Die Visualisierung ist nicht nur ein rein geistiger Prozess, sondern kann tiefgreifende Auswirkungen auf die energetischen und spirituellen Ebenen haben.

Hier ist eine Schritt-für-Schritt-Anleitung zur Visualisierung einer schützenden Barriere während Ihrer Seelenreise:

Anleitung zur Visualisierung

- Setzen Sie sich bequem hin oder legen Sie sich hin und schließen Sie die Augen.
- Atmen Sie ein paar Male tief ein und aus, um sich zu entspannen und sich auf die Visualisierung vorzubereiten.
- Stellen Sie sich nun vor, dass um Sie herum eine schützende Barriere entsteht. Diese könnte die Form einer Lichtkugel annehmen, die Sie in ihrem sanften Schein umhüllt. Oder vielleicht sehen Sie einen feurigen Schild, der mit seiner Kraft und Energie alles Negative abwehrt. Sie könnten sich auch einen Spiegel vorstellen, der alle unerwünschten Energien zurück in das Universum reflektiert. Oder spüren Sie, wie ein Umhang aus weichen Federn oder warmem Fell Sie umhüllt und Sie unsichtbar für alle schädlichen Einflüsse macht.
- Nehmen Sie sich einen Moment Zeit, um das Gefühl der Sicherheit und Stärke zu spüren, das diese schützende Barriere Ihnen verleiht. Fühlen Sie, wie sie Sie umgibt, Sie hält und Sie während Ihrer Reise durch die verschiedenen Welten schützt.
- Halten Sie diese Visualisierung während Ihrer gesamten Seelenreise aufrecht. Sollten Sie während Ihrer Reise das Gefühl haben, dass Ihre Schutzbarriere schwächer wird, nehmen Sie sich einen Moment Zeit, um sie in Ihrer Vorstellung zu erneuern und zu stärken.

Denken Sie daran, dass die Vorbereitung und der Schutz während einer schamanischen Seelenreise nicht nur dazu dienen, Sie vor unerwünschten Energien zu schützen, sondern auch dazu, Ihre Intention zu stärken und Ihre Verbindung zur spirituellen Welt zu vertiefen. Sie helfen Ihnen, sich auf Ihre Reise zu konzentrieren und das Beste aus Ihrer Erfahrung zu machen. Jeder Schritt, den Sie auf diesem Pfad nehmen, bringt Sie näher zu sich selbst, zu Ihrem wahren Wesen und zu den Geheimnissen des Universums, die auf Sie warten.

TECHNIKEN DER BEWUSSTSEINSVERSCHIEBUNG

Die Kunst der Bewusstseinsverschiebung ist ein Kernstück des schamanischen Weges. Es ist die Brücke, die die sichtbare Welt mit den unsichtbaren Ebenen des Seins verbindet, das Tor, durch das Sie auf Ihrer Seelenreise schreiten. In diesem Kapitel werden vier Techniken vorgestellt, die Ihnen helfen können, Ihr Bewusstsein zu erweitern und die Reise anzutreten: Atemarbeit, Klang, meditative Bewegung und die Verwendung von Kraftobjekten.

Atemarbeit

Die Kraft des Atems, die Anerkennung seiner Macht und seiner mystischen Bedeutung ist in zahlreichen spirituellen Traditionen, einschließlich des nordischen Schamanismus, fest verankert. Im Altnordischen gibt es ein Wort für Atem, „Önd", das nicht nur die physische Aktion des Atmens bezeichnet, sondern auch ein Lebensprinzip, einen göttlichen Funken. Es wird erzählt, dass die ersten Menschen, Ask und Embla, leblos waren, bis die Götter ihnen Önd einhauchten. So ist der Atem, dieser einfache und doch lebenserhaltende Akt, eine Verbindung zu den göttlichen Kräften, eine Erinnerung an unsere Ursprünge und unser unzerstörbares Band mit dem Kosmos.

Der Atem ist nicht nur das physische Ein- und Ausatmen, das Ihr biologisches Leben aufrechterhält. Er ist auch ein energetischer Austausch, ein ununterbrochenes Geben und Nehmen zwischen Ihnen und der Welt um Sie herum. Mit jedem Atemzug nehmen Sie etwas von der Welt in sich auf und mit jedem Ausatmen geben Sie etwas von sich in die Welt. Dieser ständige Austausch bildet eine unsichtbare, aber dennoch mächtige Verbindung, die Sie nutzen können, um Ihren Geist zu zentrieren, Ihre Wahrnehmung zu erweitern und letztendlich in einen veränderten Bewusstseinszustand einzutreten.

Beginnen Sie nun mit einer **schamanischen Atemübung**, die Ihnen dabei helfen kann, Ihre Verbindung zum Atem zu vertiefen und sein Potenzial als Werkzeug für die Bewusstseinsverschiebung zu nutzen:

Schamanische Atemübung:

- Finden Sie einen ruhigen, ungestörten Ort, an dem Sie sich wohlfühlen. Setzen oder legen Sie sich in eine Position, die Ihnen bequem ist. Schließen Sie die Augen und lassen Sie Ihre Aufmerksamkeit sanft nach innen gleiten.
- Beginnen Sie, sich auf Ihren Atem zu konzentrieren. Spüren Sie, wie die Luft durch Ihre Nase einströmt, Ihre Lunge füllt und dann wieder hinausfließt. Versuchen Sie, jeden Atemzug ein wenig länger und tiefer zu machen als den vorherigen.
- Visualisieren Sie mit jedem Einatmen, wie Sie die Energie um Sie herum aufnehmen. Sie könnten sich diese Energie als ein leuchtendes, funkelndes Licht vorstellen, das in Sie hineinströmt und jeden Teil Ihres Körpers erfüllt.

- Mit jedem Ausatmen stellen Sie sich vor, wie Sie alle Spannungen, Sorgen und negativen Gedanken loslassen. Sie könnten sich vorstellen, wie diese als dunkle Rauchschwaden oder graue Wolken aus Ihnen herausströmen und sich in der Luft auflösen.
- Wenn Sie sich bereit fühlen, beginnen Sie, Ihren Atem so zu vertiefen und zu verlangsamen, dass er zu einer stetigen, rhythmischen Welle wird. Lassen Sie diese Welle Sie sanft mitnehmen, immer weiter weg von der alltäglichen Wahrnehmung, immer tiefer in die inneren Reiche des Bewusstseins.

Praktizieren Sie diese Atemübung regelmäßig und achten Sie darauf, wie sie Ihre Wahrnehmung und Ihr Bewusstsein verändert. Mit der Zeit werden Sie feststellen, dass Sie in der Lage sind, leichter und schneller in einen veränderten Bewusstseinszustand einzutreten und dort zu bleiben, so dass Sie Ihre Seelenreisen mit größerer Leichtigkeit und Sicherheit unternehmen können.

Klang

Im mystischen Gewebe des nordischen Schamanismus spielt der Klang eine entscheidende Rolle. Er ist das Medium, das uns mit dem Puls des Kosmos verbindet, ein Schlüssel, der Tore zu anderen Welten öffnet. In der nordischen Tradition sind besonders die rhythmischen, hypnotischen Klänge der Trommel und der Rassel von Bedeutung, ähnlich dem Herzschlag der Mutter Erde oder dem Flüstern des Windes in den Bäumen.

Die Trommel, oft als „Pferd des Schamanen" bezeichnet, ist ein heiliges Werkzeug, das den Schamanen auf seinen Reisen begleitet. Ihr Klang kann als Brücke dienen, die den physischen und den spirituellen Raum verbindet. Die Vibrationen, die sie erzeugt, sind wie Wellen, die durch den Ozean des Bewusstseins schwappen, und sie können uns dazu bringen, uns mit diesen Wellen zu bewegen, zu schwingen und uns schließlich in einen Trance-Zustand zu versetzen.

Aber wie können Sie diese Klänge in Ihre Praxis einbeziehen? Wie können Sie sie als Werkzeug für die Bewusstseinsverschiebung nutzen? Hier ist eine einfache Anleitung, die Ihnen dabei helfen kann:

Anleitung zur Bewusstseinsverschiebung

- Finden Sie eine Trommel oder Rassel, die Ihnen gefällt. Es muss nicht das teuerste oder aufwendigste Instrument sein; wichtig ist, dass es sich für Sie richtig anfühlt. Wenn Sie kein solches Instrument zur Hand haben, können Sie auch eine Aufnahme von Trommel- oder Rasselklängen verwenden.
- Beginnen Sie mit einem gleichmäßigen Trommelschlag oder Rasselrhythmus. Versuchen Sie, einen Rhythmus zu finden, der beruhigend und hypnotisch ist, weder zu schnell noch zu langsam. Sie könnten sich vorstellen, dass Sie den Herzschlag der Erde nachahmen, den stetigen Puls des Lebens selbst.
- Lassen Sie den Klang in Ihr Bewusstsein eindringen. Hören Sie nicht nur mit Ihren Ohren, sondern auch mit Ihrem ganzen Körper, mit jeder Zelle. Fühlen Sie, wie die Vibrationen durch Sie hindurchfließen, wie sie Sie erfüllen und bewegen.
- Stellen Sie sich vor, wie der Klang Sie auf Ihrer Reise begleitet. Er ist wie ein stetiger Herzschlag, ein Leuchtfeuer, das Sie durch die Nebel der Anderswelt führt. Mit jedem Schlag wird Ihr Bewusstsein weiter verschoben, tiefer in die inneren Reiche hinein.

Tipp:
Lassen Sie sich nicht entmutigen, wenn Sie zu Beginn Schwierigkeiten haben, in einen Trance-Zustand zu gelangen. Es ist wie das Erlernen einer neuen Sprache oder das Spielen eines Instruments. Es braucht Zeit, Übung und Geduld. Aber je öfter Sie es tun, desto leichter wird es Ihnen fallen, und bald werden Sie feststellen, dass Sie die Klänge als treue Verbündete auf Ihren schamanischen Reisen nutzen können.

Meditative Bewegung

In der uralten Weisheit des Nordens wird Bewegung als eine kraftvolle Brücke zwischen den Welten angesehen. Sie ist eine geistige Energie, die den Körper durchfließt und unseren Seelenflügel hebt, um uns zu helfen, in die Ebenen des erweiterten Bewusstseins zu gleiten.

Die Bewegung im schamanischen Kontext ist oft meditativ und absichtsvoll, eine bewusste Kommunikation mit dem Universum, durch die Ihr Körper zu einem Gefäß für die Energie wird, die Sie umgibt und durchdringt. Sie ist wie der Tanz des Himmels und der Erde, der Ihnen erlaubt, sich von den Begrenzungen Ihres physischen Daseins zu lösen und in das Reich der unendlichen Möglichkeiten einzutauchen.

Anleitung zum Tanz mit dem Bewusstsein:

- Wählen Sie einen ruhigen, ungestörten Ort für Ihre Bewegungsmeditation. Sie könnten draußen in der Natur sein, umgeben von der lebendigen Energie der Erde und des Himmels, oder in einem heiligen Raum in Ihrem Zuhause, den Sie speziell für Ihre schamanischen Praktiken reserviert haben.
- Beginnen Sie mit einfachen, fließenden Bewegungen. Sie könnten Ihren Körper hin und her wiegen, wie ein Baum im Wind, oder Ihre Arme kreisen lassen, wie die Flügel eines Vogels. Fühlen Sie, wie die Bewegung durch Sie hindurchfließt, wie sie Ihren Körper belebt und Ihre Sinne schärft.
- Lassen Sie die Bewegung in einen natürlichen Rhythmus übergehen. Es gibt keine richtige oder falsche Weise, sich zu bewegen; wichtig ist nur, dass es sich für Sie gut anfühlt. Lassen Sie Ihren Körper die Führung übernehmen. Sie könnten sich vorstellen, dass Sie auf den Wellen des kosmischen Meeres surfen, dass Sie mit dem Puls des Lebens selbst tanzen.
- Stellen Sie sich vor, wie Sie mit jeder Bewegung tiefer in den Raum des Bewusstseins eintauchen, der jenseits Ihrer alltäglichen Wahrnehmung liegt. Vielleicht fühlen Sie sich, als würden Sie durch einen Nebel schreiten oder durch einen Sternenhimmel gleiten. Erlauben Sie sich, in dieses Gefühl einzutauchen, sich darin zu verlieren und schließlich zu erkennen, dass Sie Teil dieses größeren Ganzen sind.
- Wenn Sie sich bereit fühlen, beenden Sie die Bewegungsmeditation und kehren Sie langsam in Ihren normalen Bewusstseinszustand zurück. Nehmen Sie sich einen Moment Zeit, um das Erlebte zu verarbeiten und zu integrieren. Sie könnten feststellen, dass Sie durch diese Praxis eine neue Ebene der Verbindung mit sich selbst und dem Universum erreicht haben.

Mit Übung und Geduld kann die meditative Bewegung ein kraftvolles Werkzeug auf Ihrer schamanischen Reise werden, ein Weg, um das Unbekannte zu erforschen und sich selbst auf tieferen Ebenen zu entdecken.

Verwendung von Kraftobjekten

In der mystischen Welt des Nordens sind Kraftobjekte mehr als nur Gegenstände; sie sind lebendige Wesen, erfüllt von der Essenz der Welten, die sie repräsentieren. Sie sind wie Schlüssel zu den Toren des Bewusstseins, Instrumente, die Sie bei Ihrer Reise in die Tiefen Ihrer Seele unterstützen können. Sie können Formen annehmen wie Runensteine, die die Weisheit der alten nordischen Götter tragen, Amulette, die die Macht der Elemente in sich bergen, oder heilige Symbole, die die unendlichen Wege des Lebens darstellen.

Die **Verwendung von Kraftobjekten** in Ihrer schamanischen Praxis ist ein heiliger Akt, ein Ritual des Respekts und der Ehrfurcht vor den Mächten, die diese Objekte repräsentieren. So könnten Sie mit Ihren Kraftobjekten arbeiten:

Anleitung zur Verwendung von Kraftobjekten:

- Wählen Sie ein Kraftobjekt, das für Sie eine besondere Bedeutung hat. Es könnte ein Geschenk der Natur sein, ein Stein, der mit seiner natürlichen Schönheit und Energie spricht, oder ein von Ihnen handgefertigter Gegenstand, der Ihre persönliche Verbindung zum Spirituellen symbolisiert.
- Halten Sie das Objekt in Ihren Händen und spüren Sie seine Präsenz. Fühlen Sie die Textur, das Gewicht, die Wärme oder Kälte. Lassen Sie das Objekt Teil Ihres Bewusstseins werden, lassen Sie seine Energie mit Ihrer eigenen verschmelzen.
- Stellen Sie sich vor, wie Sie durch das Objekt mit den spirituellen Welten in Verbindung treten. Es könnte sein, als ob Sie durch ein Fenster in eine andere Dimension schauen oder als ob Sie über eine Brücke in ein unbekanntes Land gehen. Lassen Sie das Objekt Sie auf Ihrer Reise leiten, lassen Sie es Sie zu den Orten führen, die Sie erkunden möchten.
- Wenn Sie bereit sind, kehren Sie mit Ihrem Bewusstsein langsam in die physische Welt zurück, bringen das Objekt zurück in den Raum und nehmen sich einen Moment Zeit, um Ihre Erfahrungen zu verarbeiten und zu integrieren.

Die Verwendung von Kraftobjekten in Ihrer schamanischen Praxis ist eine Art der Partnerschaft mit dem Spirituellen, eine Methode, um sich mit den tieferen Ebenen des Bewusstseins zu verbinden und die Weisheit, die in den verborgenen Ecken des Universums lauert, zu erforschen. Mit Geduld und Respekt können diese heiligen Gegenstände treue Gefährten auf Ihrer Reise durch die Welten der Seele werden.

Tipp:
Beachten Sie immer, dass es keine richtige oder falsche Art gibt, das Bewusstsein zu verschieben. Es geht darum, die Techniken zu finden, die für Sie am besten funktionieren, und diese zu verfeinern und zu erweitern. Schamanismus ist eine persönliche Praxis und Ihre Reise wird von Ihren eigenen Erfahrungen, Vorlieben und Intuitionen geleitet.

Reisen zu anderen Welten

Die Reise in andere Welten, ein zentrales Element der schamanischen Praxis, ist eine faszinierende und tiefgründige Erfahrung. Sie erfordert Mut, Disziplin und eine Reihe spezifischer Techniken, die Ihnen dabei helfen, diese außergewöhnlichen Bewusstseinslandschaften sicher und effektiv zu erforschen. Hier sind drei wesentliche Techniken, die Ihnen auf Ihrer außergewöhnlichen Reise in die andere Welt dienlich sein können.

Die Technik der Trommelreise

Wie das Herz der gewaltigen Midgardschlange, die den Erdball in der nordischen Mythologie umschlingt, klopft die Trommel, und ihr Rhythmus wird zu einem leitenden Kompass, der Sie durch die wirbelnden Nebel der Anderswelt führt. Der Einsatz der Trommel in der schamanischen Praxis ist uralt, ihre monotonen, doch tröstlichen Schläge dienen als Wegweiser in die Tiefe Ihrer eigenen Psyche und in die ausgedehnten Ebenen des Schamanenuniversums. Folgen Sie diesen Schritten, um mit der Trommel zu reisen:

Anleitung für eine Trommelreise:

- Wählen Sie einen Ort, der von äußeren Ablenkungen und Unterbrechungen frei ist. Dieser Ort, ähnlich den heiligen Hainen der alten Nordländer, sollte ein Raum sein, der Ruhe und Frieden ausstrahlt und in dem Sie sich vollkommen sicher und geborgen fühlen.
- Beginnen Sie mit einem ruhigen und beständigen Trommelschlag. Lassen Sie den Puls der Trommel mit Ihrem Herzschlag verschmelzen und Sie in einen tranceähnlichen Zustand führen, ähnlich dem Zwielichtzustand zwischen Wachen und Schlafen.
- Mit jedem Schlag der Trommel formt sich vor Ihrem inneren Auge ein Pfad, der zu einem Tor oder einer Pforte führt. Diese Pforte kann unterschiedlich aussehen, abhängig von Ihrem persönlichen inneren Landschaftsbild.
- Durchschreiten Sie diese Pforte, geben Sie sich dem Fluss des Trommelrhythmus hin und lassen Sie sich in die Anderswelt tragen. Folgen Sie dem Pfad, den die Trommel für Sie zeichnet, so wie die alten Wikinger dem Ruf der Walküren folgten.

Die Technik der geistigen Reise

Diese Art des schamanischen Reisens bedient sich der ruhigen Gewässer des Geistes und der unendlichen Kraft der Vorstellungskraft. Sie ist eine Form der bewussten Träumerei oder der geführten Meditation. So gehen Sie hierzu vor:

Anleitung für die geistige Reise:

- Schließen Sie Ihre Augen und konzentrieren Sie sich auf Ihren Atem. Lassen Sie ihn langsam und ruhig fließen, wie die sanften Wellen des Nordmeeres.
- Visualisieren Sie einen Ort, der Ihnen Sicherheit und Komfort bietet. Es könnte ein alter Wald sein, ähnlich den heiligen Hainen der Asen, ein ruhiger Strand, eine leuchtende Wiese oder ein majestätischer Berggipfel, der sich hoch in die Wolken erhebt.
- Lassen Sie diesen Ort in Ihrem Inneren lebendig werden, nehmen Sie die Einzelheiten, die Farben, Geräusche und Gerüche wahr. Jeder Aspekt dieses Ortes dient als eine Art Anker, der Sie während Ihrer Reise erdet.
- Von diesem Ort aus lassen Sie sich von Ihrer inneren Führung leiten. Sie könnte in Form eines Pfades auftauchen, eines Tieres, einer Pflanze oder eines Symbols, das Sie zu Ihrer Reise in die anderen Welten einlädt.

Die Technik des geführten Reisens

Wenn Sie neu in der schamanischen Reise sind oder wenn Sie die Unterstützung einer anderen Person oder einer geführten Aufnahme schätzen, ist diese Technik eine ausgezeichnete Wahl.

Anleitung zum geführten Reisen:

- Bereiten Sie sich auf die Reise vor, indem Sie sich an einen ruhigen Ort zurückziehen, wo Sie sich vollkommen entspannen können, genau wie die alten Schamanen, die sich in Höhlen oder einsame Wälder zurückzogen, um ungestört reisen zu können.
- Hören Sie auf die geführte Meditation oder die Anweisungen der Person, die Sie auf Ihrer Reise begleitet. Lassen Sie ihre Worte und Klänge wie die Sagen der Skalden Ihr Bewusstsein formen und leiten.
- Verfolgen Sie die Bilder und Empfindungen, die in Ihrem Bewusstsein auftauchen, und lassen Sie sich von ihnen auf Ihrer Reise durch die anderen Welten leiten.
- Wenn die geführte Reise endet, kehren Sie sanft in Ihr normales Bewusstsein zurück. Wie Odysseus, der von seinen epischen Reisen zurückkehrte, nehmen Sie sich Zeit, um Ihre Erfahrungen zu verarbeiten und in Ihr alltägliches Leben zu integrieren.

Jede dieser Techniken hat das Potenzial, Ihnen auf Ihrer schamanischen Reise von unschätzbarem Wert zu sein.

Tipp:
Probieren Sie sich aus, experimentieren Sie, um herauszufinden, welche Technik am besten zu Ihnen passt, und lassen Sie sich von der tiefen Weisheit und den Erkenntnissen leiten, die sie bieten. Denn letztendlich ist jede schamanische Reise eine intime Erfahrung, ein Tauchgang in die tiefen Gewässer Ihres eigenen Bewusstseins und eine Entdeckungsreise in die weitläufigen, mystischen Landschaften des Universums.

In den mythischen Worten der nordischen Edda (ein Lehrbuch für Skalden, also Dichter) eingefangen:

„Wer reist, hat Geschichten zu erzählen."

Ihr schamanischer Weg ist voll von ungesehenen Landschaften und verborgenen Wahrheiten, bereit, enthüllt und verstanden zu werden. Wie die alten Nordmänner, die das Unbekannte suchten und die Ozeane in ihren Langschiffen durchquerten, sind Sie nun bereit, Ihre eigene Reise anzutreten.

Praktische Tipps für Ihre Reisen

Eine schamanische Reise ist nicht nur eine Wanderung durch die mystischen Ebenen des Bewusstseins, sie ist auch ein Zusammentreffen mit den Wesenheiten dieser anderen Welten. Diese können in Form von Geistführern, Ahnen, Tieren oder mythischen Kreaturen erscheinen. So wie die nordischen Götter und Helden ihre Geschäfte mit Riesen, Zwergen und anderen übernatürlichen Kreaturen führten, können Sie in Ihren schamanischen Reisen mit verschiedenen spirituellen Wesenheiten interagieren. Hier sind einige praktische Tipps, um Sie auf diesem Weg zu leiten.

- Begegnen Sie allen Wesenheiten mit Respekt

Respekt ist die Grundlage jeder Interaktion in der schamanischen Reise. Bedenken Sie, dass jede Begegnung, ob es sich um ein mächtiges Wesen oder ein scheinbar unbedeutendes Element handelt, eine Botschaft oder Lektion für Sie bereithält. Begegnen Sie diesen Wesenheiten mit der gleichen Ehrerbietung, wie es die alten Nordländer gegenüber den Ase-Göttern und den Landvätern, den Geistern des Landes, getan haben.

- Lernen Sie die Sprache der Symbole

Die Wesenheiten der anderen Welten sprechen oft in Symbolen und Metaphern. Sie können Ihnen in Formen erscheinen, die Ihre Intuition ansprechen und Ihre Kreativität anregen. Es liegt an Ihnen, diese Symbole zu entschlüsseln und ihre Bedeutung zu verstehen. Denken Sie an die Runen, die der Gott

Odin in der nordischen Mythologie erlangte: Sie waren Symbole voller tiefer und verborgener Bedeutungen.

- **Seien Sie offen für Unterstützung**

Manchmal werden Sie auf Ihrer Reise Wesenheiten begegnen, die Ihnen Unterstützung anbieten. Diese könnten Ihre spirituellen Führer oder Ahnengeister sein. Nehmen Sie ihre Hilfe an und lernen Sie von ihrer Weisheit. Genauso wie der legendäre Held Sigurd den Drachen Fafnir besiegte und das Wissen der Vögel erlangte, so können auch Sie von den Wesenheiten Ihrer Reisen lernen und wachsen.

Wenn Sie von Ihrer schamanischen Reise zurückkehren, beginnt die Arbeit der Integration. Wie beim nordischen Gott Heimdall, der zwischen den Welten reiste und Wissen zu den Göttern brachte, liegt es an Ihnen, die Erfahrungen und Erkenntnisse Ihrer Reisen in Ihr alltägliches Leben zu bringen. Hier sind einige Möglichkeiten, wie Sie das tun können:

- **Führen Sie ein Reisejournal**

Schreiben Sie Ihre Erlebnisse und Beobachtungen aus jeder Reise auf. Notieren Sie die Bilder, die Sie gesehen haben, die Wesenheiten, die Sie getroffen haben, und die Botschaften, die Sie erhalten haben. Dies wird Ihnen helfen, die Bedeutung Ihrer Reisen zu verstehen und Ihre Erkenntnisse zu vertiefen.

- **Praktizieren Sie bewusste Reflexion**

Nehmen Sie sich Zeit, um über Ihre Reisen nachzudenken und ihre Bedeutung für Ihr Leben zu erkennen. Welche Lektionen haben Sie gelernt? Wie können diese Lektionen Ihre Entscheidungen und Handlungen im Alltag beeinflussen?

- **Teilen Sie Ihre Erfahrungen**

Wenn Sie sich dazu berufen fühlen, teilen Sie Ihre Erfahrungen mit anderen. Dies kann in einer vertrauensvollen Gemeinschaft geschehen oder durch kreative Ausdrucksformen wie Schreiben, Malen oder Tanzen. Wie die Skalden, die Geschichtenerzähler des alten Nordens, können Sie durch das Teilen Ihrer Erlebnisse die Weisheit Ihrer Reisen weitergeben und anderen helfen.

In jedem Fall ist es wichtig, sich daran zu erinnern, dass jede schamanische Reise einzigartig ist und dass Sie allein die Macht haben, ihre Bedeutung zu erkennen und zu nutzen. Wie der Gott Odin auf seinem unaufhörlichen Streben nach Wissen und Weisheit, so können auch Sie aus Ihren schamanischen Reisen eine unendliche Quelle von Inspiration und persönlichem Wachstum schöpfen.

Begegnung mit spirituellen Wesenheiten

In der geheimnisvollen Wildnis der schamanischen Reise, wo die Nebel des Bewusstseins die Schwelle zwischen den Welten verdünnen, sind Sie niemals ein einsamer Wanderer. Sie sind umgeben und begleitet von einer Fülle von geistigen Wesenheiten – stille Beobachter, weise Ratgeber, geduldige Lehrer. Sie sind mehr als bloße Projektionen Ihres Unterbewusstseins; sie sind Ausdrücke eines größeren Bewusstseins, das jenseits Ihrer eigenen individuellen Erfahrung existiert.

In der nordischen Tradition, einer Kultur, die tief verwurzelt ist in Respekt und Ehrfurcht vor der natürlichen und übernatürlichen Welt, werden diese Wesenheiten durch verschiedene Archetypen dargestellt. Sie nehmen die Gestalt von Göttern an, die sich in der Pracht und Furcht der Natur manifestieren, von Ahnengeistern, die die Weisheit und die Lehren vergangener Generationen weitergeben, und von Tiergeistern, die die Stärken und Schwächen, die Instinkte und Intuitionen des Tierreichs repräsentieren.

Dies sind keine metaphorischen Konstrukte, sie sind lebendige, atmende Aspekte des schamanischen Universums. Sie existieren in den verborgenen Winkeln der Welt, an den Rändern der Realität, in den Spalten zwischen Licht und Schatten. Und sie stehen bereit, sich Ihnen zu offenbaren, Ihnen ihre Weisheiten mitzuteilen und Sie auf Ihrer schamanischen Reise zu begleiten.

Jetzt sind Sie an der Schwelle dieser faszinierenden Welt. Sie stehen am Rande des Bekannten und schauen in das Unbekannte. Sie sind bereit, tiefer in das Verständnis dieser geistigen Wesenheiten einzutauchen, zu lernen, wie Sie mit ihnen kommunizieren, wie Sie ihre Zeichen und Botschaften erkennen und wie Sie ihre Lehren in Ihr eigenes Leben integrieren können. Es ist ein Weg voller Geheimnisse und Entdeckungen, ein Pfad, der mit Weisheit und Transformation gepflastert ist, und Sie sind bereit, den ersten Schritt zu tun.

Totemtiere

Das Tierreich hat in den schamanischen Traditionen, einschließlich der nordischen, einen besonderen Stellenwert. In der nordischen Mythologie zum Beispiel wird jedes Tier als einzigartig und mit besonderen Fähigkeiten und Weisheiten ausgestattet betrachtet. Tiere können in Ihrer Reise als Botschafter zwischen den Welten auftreten, symbolische Botschaften überbringen oder als persönliche Schutzgeister dienen. Sie spiegeln oft Ihre inneren Stärken wider oder symbolisieren Eigenschaften, die Sie entwickeln müssen. Denken Sie an den mächtigen Fenrir-Wolf der nordischen Mythologie. Er symbolisiert eine wilde und unbezähmbare Kraft. Oder nehmen Sie den weisen Raben Hugin, einen der treuen Begleiter Odins. Er steht für Weisheit und Erinnerung.

Geister

Die schamanischen Welten sind bevölkert von Geistern aller Art. Unter diesen können Naturgeister, wie die nordischen Landvættir, gefunden werden. Die Landvættir sind Geister, die bestimmte Landschaften schützen. In alten Zeiten avancierten sie zum Symbol für den Schutz Islands, weil sie als Beschützer von Land und Leuten angesehen wurden. Sie können auch Ahnengeistern begegnen, die Ihnen Weisheiten und Ratschläge aus vergangenen Zeiten überbringen. Der Kontakt mit diesen Geistern kann Ihnen helfen, eine tiefere Verbindung mit der Natur und Ihrer eigenen Geschichte zu entwickeln. Sie erinnern an die Weisheiten und Erfahrungen, die in Ihrer Kultur und Ihrem eigenen Leben verborgen liegen.

Götter

Auf Ihrer Reise könnten Sie auch den Göttern selbst begegnen. In der nordischen Tradition sind dies mächtige Wesen wie Odin, der Gott der Weisheit, Dichtkunst und Magie, Thor, der Gott des Donners und der Stärke, und Freya, die Göttin der Liebe und Fruchtbarkeit. Aber auch weniger bekannte Gottheiten, wie der ruhige Heimdall, der als Wächter der Götter gilt und das Gjallarhorn besitzt, oder der weise Mimir, der bekannt ist für seine unendliche Weisheit, könnten Ihnen begegnen. Diese Götter können tiefe spirituelle Einsichten und mächtige transformative Energien darstellen. Eine Begegnung mit ihnen kann tiefgreifende Veränderungen in Ihrem Bewusstsein hervorrufen und einen Weg zur Erleuchtung ebnen.

Jeder dieser spirituellen Begleiter hat seinen Platz und seine Funktion in Ihrer schamanischen Reise. Ihre Aufgabe ist es, sie zu erkennen, ihre Zeichen und Botschaften zu deuten und die Weisheiten, die sie Ihnen vermitteln, in Ihrem Leben anzuwenden. Die schamanische Reise ist mehr als nur eine spirituelle Praxis; sie ist ein Weg der Selbsterkenntnis und Transformation, der durch die Interaktion mit diesen geistigen Wesenheiten vertieft und bereichert wird.

Techniken zur Kommunikation

Die Kommunikation mit spirituellen Wesenheiten ist eine tiefgründige Erfahrung, ein heiliger Dialog zwischen Ihnen und den geistigen Bewohnern der schamanischen Welten. Es gibt verschiedene Wege, um diesen Austausch zu ermöglichen, und nachfolgend werden Ihnen zwei Techniken vorgestellt, die Sie auf Ihrer Reise begleiten können. Die erste Technik ist die **Meditationspraxis**. Meditation bietet eine Plattform, auf der Sie still werden und tief in Ihr inneres Selbst eintauchen können. Stellen Sie sich diese Praxis als einen ruhigen See vor, dessen Oberfläche Sie durch Konzentration und Atmung beruhigen. Wenn das Wasser still ist, beginnen die Spiegelungen der Geister, sich zu klären, und ihre Botschaften können zu Ihnen durchdringen.

Audiodatei 1

Anleitung zur Meditation: Kommunikation mit spirituellen Wesenheiten

- Wählen Sie einen Ort, an dem Sie sich entspannen und sicher fühlen können. Es kann ein Zimmer in Ihrem Haus sein, ein Garten, ein Wald – irgendwo, wo Sie ungestört und in Frieden meditieren können.
- Begeben Sie sich in eine Position, die Ihnen ermöglicht, für eine gewisse Zeit still zu bleiben. Einige bevorzugen das Sitzen im Lotossitz, andere das Liegen. Die Hauptsache ist, dass Sie sich wohl und entspannt fühlen.
- Dadurch wird Ihre Aufmerksamkeit von der äußeren Welt abgezogen und es hilft Ihnen, sich auf Ihre innere Welt zu konzentrieren.
- Lassen Sie Ihren Atem natürlich fließen, ein und aus, und beobachten Sie, wie er durch Ihre Nase und Ihren Mund fließt, Ihre Lunge füllt und wieder hinausgeht. Stellen Sie sich Ihren Atem als einen sanften Fluss vor, der Sie in einen Zustand tiefer Entspannung führt.
- Denken Sie an das Wesen, mit dem Sie kommunizieren möchten. Es könnte Ihr Totemtier sein, ein Ahnengeist oder eine Gottheit. Visualisieren Sie es so klar wie möglich, fühlen Sie seine Präsenz und laden Sie es ein, mit Ihnen zu kommunizieren.
- Halten Sie das Bild des Wesens in Ihrem Geist fest und öffnen Sie sich für seine Botschaften. Sie können als Bilder, Gedanken, Gefühle, Worte oder Erkenntnisse auftauchen. Seien Sie offen und akzeptierend, egal, was kommt.
- Wenn die Kommunikation abgeschlossen ist oder Sie das Gefühl haben, dass es Zeit ist, die Meditation zu beenden, danken Sie dem Wesen für seine Anwesenheit und seine Botschaften. Dann lenken Sie Ihre Aufmerksamkeit langsam wieder auf Ihren Körper und Ihre Umgebung. Bewegen Sie Ihre Finger und Zehen, strecken Sie sich und öffnen Sie langsam Ihre Augen. Nehmen Sie sich Zeit, um aus der Meditation zurückzukehren und Ihre Erfahrungen zu verarbeiten.

Die zweite Technik ist die **Schaffung eines heiligen Raumes** oder eines spirituellen Altars. Dieser Raum dient als eine physische Darstellung Ihrer spirituellen Verbindung und als ein Fokus für Ihre Interaktionen mit den Wesenheiten. Es ist ein Platz des Respekts, der Ehre und der Andacht – ein kleines Stück heiliges Land in Ihrer eigenen Welt. Die Schaffung eines heiligen Raumes oder Altars kann als ein Ritual in sieben Schritten angesehen werden. Hier ist eine praktische Anleitung, die Ihnen dabei helfen kann:

Anleitung zur Schaffung eines heiligen Raumes:

- Suchen Sie in Ihrem Zuhause einen Ort aus, der sich ruhig und friedlich anfühlt. Dieser Ort sollte frei von Ablenkungen und Störungen sein, so dass Sie sich auf Ihre spirituelle Praxis konzentrieren können.
- Bevor Sie beginnen, reinigen Sie den Raum physisch, indem Sie ihn von Unordnung befreien und sauber machen. Dann reinigen Sie ihn energetisch, vielleicht durch Räuchern mit Salbei oder Palo Santo oder indem Sie eine Glocke läuten oder eine Reinigungsmeditation durchführen.
- Sammeln Sie Gegenstände, die für Sie eine spirituelle Bedeutung haben. Dies könnten ein Stein von einem heiligen Ort sein, eine Feder, die Sie mit Ihrem Totemtier verbindet, eine Statue einer verehrten Gottheit, Kerzen, Räucherstäbchen, Bilder, Symbole und andere Objekte, die Sie inspirieren und Ihnen das Gefühl von Heiligkeit vermitteln.
- Legen Sie die Gegenstände auf eine Weise auf den Altar, die für Sie ästhetisch und symbolisch ansprechend ist. Sie können eine symmetrische Anordnung wählen oder die Gegenstände intuitiv platzieren. Nehmen Sie sich Zeit für diesen Prozess und spüren Sie die Energie, die jeder Gegenstand in den Raum bringt.
- Wenn der Altar fertig ist, können Sie eine kurze Zeremonie durchführen, um ihn einzuweihen. Sie könnten ein Gebet sprechen, eine Kerze anzünden, ein Lied singen oder einfach einen Moment der Stille halten, um den Raum und die Gegenstände zu segnen und ihre heilige Bedeutung zu erkennen.
- Der Altar ist jetzt ein heiliger Raum, der als Fokus für Ihre spirituellen Praktiken dienen kann. Sie können hier meditieren, beten, Rituale durchführen, den Geistern Ehre erweisen, Opfergaben darbringen oder um ihre Hilfe und Führung bitten.
- Halten Sie Ihren Altar sauber und ordentlich. Sie können regelmäßig neue Gegenstände hinzufügen oder alte entfernen, je nachdem, was für Ihre spirituelle Praxis in diesem Moment relevant ist. Respektieren Sie diesen Raum und seine Heiligkeit.

Denken Sie daran, dass dies nur eine Anleitung ist und Sie eingeladen sind, sie nach Ihren eigenen Bedürfnissen und Vorstellungen zu modifizieren. Der

Altar sollte ein persönlicher Ausdruck Ihrer Spiritualität sein und einen Raum schaffen, in dem Sie sich sicher, inspiriert und mit den spirituellen Wesenheiten verbunden fühlen, die Sie ehren und anrufen.

Ein Wort der Ermunterung

Bauen Sie behutsam und mit Respekt eine persönliche Beziehung zu diesen außergewöhnlichen Wesenheiten auf. Wie eine tiefe Freundschaft verlangt auch diese Beziehung nach Zeit, Pflege und gegenseitiger Wertschätzung. Suchen Sie den Dialog, die Begegnung auf Augenhöhe. Sprechen Sie mit ihnen, aber vergessen Sie nicht, auch zuzuhören. Sie haben Weisheiten zu teilen, Ratschläge zu geben, Erkenntnisse anzubieten.

Erweisen Sie ihnen regelmäßig Ehre, wie es die alten Nordländer in ihren rituellen Festen und Opfergaben taten. Danken Sie ihnen für ihre Führung, ihre Unterstützung, ihre unermüdliche Präsenz auf Ihren schamanischen Reisen. Ob in Form einer stummen Geste des Dankes, des Entzündens einer Kerze, des Aufsagens eines Gebets oder durch ein persönliches Ritual, zeigen Sie Ihre Anerkennung.

Bringen Sie ihnen Opfer, nicht im Sinne von Verlust oder Verschwendung, sondern als Zeichen der Anerkennung – vielleicht ein Lied, gesungen von der Tiefe Ihres Herzens, ein selbstgemaltes Bild, ein Stück Brot und Salz, oder was auch immer Sie als passend und bedeutungsvoll empfinden.

Doch vergessen Sie nicht, dass diese spirituellen Wesenheiten nicht außerhalb von Ihnen existieren. Sie sind Ausdrücke Ihrer eigenen tiefen Weisheit, Ihrer inneren Kraft, Ihrer eigenen göttlichen Natur. Sie sind wie Spiegel, die das Licht Ihrer Seele reflektieren und verstärken.

In den alten nordischen Sagen gewannen Helden und Götter oft ihre Macht und Einsicht durch Begegnungen mit übernatürlichen Wesen. So wie Thor seinen mächtigen Hammer von den Zwergen erhielt und Odin seine Weisheit vom Brunnen des Mimir schöpfte, können auch Sie durch Ihre Begegnungen und Interaktionen mit Ihren spirituellen Begleitern Ihre innere Stärke, Weisheit und Kreativität entdecken und entfalten.

Nehmen Sie diese Begegnungen als Geschenke an und nutzen Sie sie, um sich selbst besser zu verstehen und zu wachsen. Ehren Sie Ihre spirituellen Begleiter und ehren Sie sich selbst, denn in der endlosen Weite des Geistes sind Sie beide, letztendlich, eins.

Rückkehr und Integration der Erfahrungen

Nachdem Sie auf schamanischen Pfaden in andere Welten gewandert sind, Geister getroffen, mit Göttern gesprochen und den Liedern der Totemtiere gelauscht haben, ist es an der Zeit, zurückzukehren. Die Rückkehr von der Seelenreise ist kein einfacher Übergang, sondern ein bewusster, heiliger Akt, der mit ebenso viel Sorgfalt und Ehrfurcht durchgeführt werden muss wie die Reise selbst.

Zuallererst gilt es, sich auf die Rückkehr von Ihrer Seelenreise vorzubereiten. Ähnlich wie ein nordischer Seefahrer, der nach langer Zeit auf hoher See endlich wieder in Sichtweite der vertrauten Küsten kommt, könnten Sie sich von der uns vertrauten Welt entfremdet oder gar verloren fühlen. Während der Reise ist Ihr Bewusstsein in die Weiten des Überpersönlichen hinausgesegelt. Daher ist es von grundlegender Bedeutung, die Rückkehr in den physischen Körper und in die materielle Realität sanft und mit Bedacht zu vollziehen.

Lassen Sie sich Zeit für diese Übergangsphase. Stellen Sie sich vor, wie Ihr Bewusstsein, ähnlich einem Strom, der sich seinen Weg durch die Landschaft bahnt, langsam in den Körper zurückfließt und sich wieder mit ihm verbindet. Nehmen Sie bewusst das Gewicht Ihres Körpers wahr, das Sie in der Welt verankert. Fühlen Sie den kühlen Hauch der Luft auf Ihrer Haut, eine sanfte Erinnerung an die physische Realität. Spüren Sie den festen Boden unter Ihren Füßen, der Sie trägt und stützt. Beginnen Sie damit, sanft Ihre Finger und Zehen zu bewegen. Dehnen Sie sich aus und atmen Sie tief ein und aus, um die Verbindung zwischen Geist und Körper zu stärken. Wenn Sie sich bereit fühlen, öffnen Sie Ihre Augen und nehmen die Welt um sich herum wieder bewusst wahr.

In diesem Prozess kann es hilfreich sein, etwas zu essen oder zu trinken. Ähnlich wie die nordischen Krieger nach einer langen Reise ihre Kräfte mit einem kräftigen Mahl erneuerten, hilft es, die Verbindung mit der physischen Welt zu stärken. Es nährt den Körper und erdet den Geist.

Viele Reisende finden es zudem hilfreich, ein Tagebuch zu führen. Ähnlich wie die alten Runensteine der Nordländer, die Geschichten und Heldentaten festhielten, kann ein Tagebuch dazu dienen, Ihre Reisen und Erfahrungen niederzuschreiben. Es ist ein Ort, an dem Sie die erinnerungswürdigen Momente Ihrer Reise festhalten können, um sie zu bewahren und später zu reflektieren.

Achten Sie darauf, dass Sie nicht nur Ihre Reisen in sich tragen, sondern auch den Mut aufbringen, diese mit anderen zu teilen. Ähnlich wie die Skalden, die nordischen Dichter, die ihre Geschichten und Lieder in den großen Hallen zum Besten gaben, teilen Sie Ihre Erfahrungen. Vielleicht möchten Sie diese mit einem vertrauten Freund, einem Mentor oder in einer Gemeinschaft von Gleichgesinnten diskutieren. Dieser Austausch kann helfen, die Erlebnisse zu klären, neue Perspektiven zu eröffnen und den Prozess der Integration zu unterstützen. Wie die alten Geschichten und Mythen des

Nordens, die von Generation zu Generation weitergegeben wurden, so gewinnen auch Ihre persönlichen Reisen durch den Austausch an Bedeutung und Tiefe.

Integration ist der Schlüssel

Die Erkenntnisse und Erfahrungen, die Sie auf Ihrer Reise gewonnen haben, sind nicht nur für den Moment der Reise selbst relevant, sondern können auch Licht auf Ihr tägliches Leben werfen, auf Ihre Beziehungen, Ihre Arbeit, Ihre Träume und Ambitionen. Nehmen Sie sich Zeit, um über diese Verbindungen nachzudenken. Wie können die Botschaften Ihrer spirituellen Begleiter Ihnen helfen, Ihre Herausforderungen zu bewältigen, Ihre Ziele zu erreichen, Ihre Beziehungen zu verbessern? Gibt es Veränderungen, die Sie in Ihrem Leben vornehmen möchten, basierend auf Ihren Erkenntnissen?

Um die gewonnenen Erkenntnisse Ihrer schamanischen Reise zu vertiefen und zu verarbeiten, könnte eine gezielte **Reflexionsübung** von großem Nutzen sein. Durch gezielte Fragen können Sie die Lektionen Ihrer Reise aufdecken und herausfinden, wie Sie diese in Ihren Alltag integrieren können. Diese Übung ist, ebenso wie ein altes nordisches Ritual, ein Weg, um die Weisheit Ihrer Reise zu verinnerlichen und zu nutzen.

Anleitung für eine Reflexionsübung:

- Finden Sie einen ruhigen Ort, an dem Sie ungestört sind. Dies könnte Ihr zuvor erstellter heiliger Raum oder Altar sein, aber auch jeder andere Ort, an dem Sie sich wohl und ungestört fühlen.
- Nehmen Sie ein Tagebuch und einen Stift zur Hand. Beide sind Ihr Werkzeug und Ihr Gefährte auf dieser introspektiven Reise.
- Beginnen Sie, sich zu erden und zu zentrieren. Atmen Sie tief ein und aus, spüren Sie den Boden unter Ihren Füßen und fühlen Sie, wie Sie in diesem Moment hier und jetzt präsent sind.
- Stellen Sie sich die erste Frage: „Was habe ich auf meiner Reise gelernt?" Lassen Sie diese Frage in Ihrem Inneren nachhallen, wie das Echo in einem nordischen Fjord. Nehmen Sie den Stift und beginnen Sie, zu schreiben, was Ihnen in den Sinn kommt, ohne zu zensieren oder zu bewerten.
- Gehen Sie zur nächsten Frage über: „Wie kann ich diese Lektion in meinem Alltag anwenden?" Erinnern Sie sich an Ihre Erfahrungen und reflektieren Sie, wie Sie das Gelernte in Ihrer täglichen Routine und in Ihren Beziehungen nutzen können.
- Stellen Sie sich die dritte Frage: „Was fordert mich heraus?" Erkennen Sie, welche Aspekte Ihrer Reise oder Ihrer Lektionen schwierig oder herausfordernd waren.

- Betrachten Sie nun, was Sie inspiriert hat. Frage: „Was inspiriert mich?" Erfassen Sie die Momente, die Ihnen Kraft, Hoffnung oder Freude gebracht haben.
- Zuletzt fragen Sie sich: „Was kann ich tun, um die Beziehung zu meinen spirituellen Begleitern zu vertiefen?" Betrachten Sie Wege, wie Sie Ihre Beziehung zu diesen wichtigen Wesenheiten stärken und vertiefen können.
- Lesen Sie sich durch, was Sie geschrieben haben. Nehmen Sie sich die Zeit, die Worte und Gedanken auf sich wirken zu lassen. Erkennen Sie, dass das, was Sie geschrieben haben, Ihre eigene Weisheit und Ihr eigenes Verständnis repräsentiert.
- Beenden Sie die Übung, indem Sie sich für Ihre Offenheit und Ihre Bereitschaft, zu lernen und zu wachsen, danken. Ähnlich wie die nordischen Krieger, die sich nach einer Schlacht oder einem Wettkampf feierten, ehren Sie Ihre Anstrengungen und Errungenschaften.

Diese Übung ist kein einmaliges Ereignis. Sie kann, ähnlich wie die fortlaufenden Zyklen der nordischen Mythologie, immer wieder durchgeführt werden, um Ihre Entwicklung zu begleiten und zu fördern. Es ist ein Weg, um Ihre Erkenntnisse zu vertiefen, sie in Ihr Leben zu integrieren und auf Ihrem persönlichen Pfad der Erkenntnis und Transformation voranzukommen.

Vergessen Sie nicht, sich selbst für Ihren Mut und Ihre Offenheit zu danken. Eine schamanische Reise kann herausfordernd und verwirrend sein, aber auch erfüllend und erhellend. Sie sind ein Wanderer zwischen den Welten, ein Suchender nach Wahrheit und Weisheit, ein Brückenbauer zwischen dem Sichtbaren und dem Unsichtbaren. Ehren Sie sich selbst für diesen heiligen Pfad, den Sie beschreiten, und für die tiefe innere Arbeit, die Sie leisten. Sie sind auf dem Weg und jeder Schritt, den Sie nehmen, ist ein Sieg.

Heilrituale im nordischen Schamanismus

Speer des Odins, Licht der Freyja, Stärke des Thors – im nordischen Schamanismus sind Sie eingebettet in ein Netz aus uralten Energien und Geistwesen, die Sie auf Ihrem Weg zur Heilung und Harmonie leiten. Schamanismus, der Weg der Seele, ist die uralte Kunst des Dienens, des Brückenschlagens zwischen den Welten, des Verbindens des Getrennten. Mit der Bescheidenheit der Eibe und der Weisheit des Raben schaffen Sie Verbindungen, die Ihre physische, emotionale und mentale Welt harmonisieren und ins Gleichgewicht bringen.

Das Geheimnis der Schamanen liegt in Ihrer Fähigkeit des „Nicht-Wissens". Es ist diese leere Leinwand des Geistes, die Sie für die Botschaften aus der spirituellen Welt öffnet. Sie hören die Melodie der Seelen, Sie lesen die Runen des Universums und unterstützen sich selbst auf Ihrer Reise zur Ganzheit und Klarheit.

Im nordischen Schamanismus ist die seelenhafte Reise ein altbewährtes Werkzeug. Durch den Rhythmus des Trommelns oder Rasselns bewegen Sie sich in die nicht-alltägliche Wirklichkeit, wo Zeit und Raum in den mystischen Nebeln Midgards verschwimmen. Hier begegnen Sie Tier- und Geistwesen, empfangen Botschaften und bringen Antworten in die greifbare Wirklichkeit Ihrer Alltagswelt zurück – in Form von lebendigen Bildern, kraftvollen Symbolen und tiefgründigen Botschaften.

Durch die heilenden Rituale des nordischen Schamanismus können Sie tief in Ihr Innerstes schauen. So wie Odin sich selbst für Weisheit opferte, können auch Sie auf einer Reise zu Ihrer Seele tiefe Einsichten gewinnen und traumatische Erfahrungen aufarbeiten. Die Seelenarbeit – eine heilige Praxis, die nur mit voller Bereitschaft und Zustimmung durchgeführt werden kann – ist eine kraftvolle Methode, um den verlorenen Teilen Ihrer Seele nachzuspüren und sie liebevoll zurückzuholen.

In diesem Kapitel erkunden Sie die geheimnisvollen Wege der Heilung im nordischen Schamanismus, die traditionellen Werkzeuge und Hilfsmittel, die Ihnen zur Verfügung stehen, und wie Sie durch verschiedene schamanische Techniken und Rituale physische, emotionale und spirituelle Heilung erfahren können. Vor allem aber geht es darum, wie Sie diese heilenden Erfahrungen in Ihren Alltag integrieren und ein gesundes, energetisches Gleichgewicht aufrechterhalten können.

Verständnis von Heilung im Nordischen Schamanismus

Im Nordischen Schamanismus offenbart sich die Heilung als eine vollständige Harmonisierung des Seins, weit über das physische Dasein hinaus. Sie ist kein kurzlebiges Pflaster auf den Wunden des Lebens, sondern eine tiefgreifende Transformation, die den ganzen Menschen betrifft – Körper, Geist und Seele. In dieser Tradition ist Heilung nicht nur das Ausbleiben von Krankheit, sondern ein Zustand vollendeter Balance und Ordnung, eine Rückkehr zur ursprünglichen Wahrheit Ihres Daseins.

Gehen Sie gedanklich auf eine Reise durch die neun Welten des Yggdrasil, des Weltenbaums, und betrachten Sie jede dieser Welten als ein Spiegelbild der Aspekte Ihrer eigenen Heilung. Jede Ebene Ihrer Existenz – physisch, emotional und spirituell – ist ein Bestandteil Ihrer gesamten Heilungslandschaft.

Beginnen Sie mit dem körperlichen Aspekt, dem Fundament Ihrer Existenz. Stellen Sie sich Ihren Körper als einen Tempel vor, der ehrfürchtig gehegt und gepflegt werden muss. Die körperliche Heilung im Nordischen Schamanismus umfasst weit mehr als bloße Symptome und Beschwerden. Sie erfordert ein tiefes Verständnis der Zeichen, die Ihr Körper Ihnen gibt, eine feinfühlige Antwort auf seine Bedürfnisse. Es bedeutet, ihm die notwendige Nahrung, Ruhe und Bewegung zu bieten und ihn als das kostbare Gefäß zu ehren, das er ist.

Die emotionale Heilung, die zweite Welt auf dieser Reise, ist wie ein dunkler, unergründlicher Wald. Dieser Wald ist reich an Gefühlen, Sehnsüchten und Träumen, aber auch an Ängsten und Schmerzen. Emotionale Heilung im nordischen Schamanismus bedeutet, diesen Wald zu betreten und sich all diesen Emotionen zu stellen. Es bedeutet, sie zu erkennen, zu akzeptieren und zu transformieren, sie als Teil Ihres menschlichen Daseins anzunehmen und nicht vor ihnen zu fliehen.

Schließlich gelangen Sie zur spirituellen Heilung, zur Spitze des Yggdrasil, wo der Adler seinen Horst hat. Dies ist der Bereich des Kosmischen, des Göttlichen, des Transzendenten. Hier geht es darum, sich mit der Quelle allen Seins, mit der universellen Weisheit und dem wahren Selbst zu verbinden. Spirituelle Heilung bedeutet, diese Verbindung zu pflegen, zu vertiefen und in Einklang mit ihr zu leben.

Sie sind dazu eingeladen, während dieser Reise eine eigene Definition von Heilung zu finden. Stellen Sie sich die Fragen:

- Was bedeutet Heilung für Sie?
- Was braucht Ihr Körper, Ihre Emotionen, Ihr Geist, um heil zu sein?
- Wie sieht Ihr persönlicher Heilungsweg aus?

Betrachten Sie diese Fragen nicht als Herausforderungen, sondern als Geschenke – als Samen, die in den reichen Boden Ihrer Seele gepflanzt sind und darauf warten, zu erblühen. Denn im Kern beginnt jede Heilung mit einer Frage, einem Verlangen, einer Suche. Und so sind Sie aufgerufen, Ihre eigene Suche zu beginnen.

Werkzeuge und Hilfsmittel für Heilrituale

Im nordischen Schamanismus hat jedes Werkzeug und Hilfsmittel seine eigene Kraft und Bedeutung. Sie dienen als Schlüssel, um Türen zu anderen Realitäten zu öffnen, und als Brücken, die Verbindungen zwischen den verschiedenen Aspekten Ihres Seins herstellen. Es ist, als ob Sie in der uralten Tradition der nordischen Völker nach Hause kommen und sich mit den spirituellen Wurzeln verbinden, die tief in die Erde reichen und sich bis zu den Sternen erstrecken.

- Eines der zentralen Werkzeuge ist die Trommel. Sie wird als das Pferd des Schamanen bezeichnet, das ihn auf seinen Reisen durch die verschiedenen Welten trägt. Ihr Rhythmus ist der Herzschlag der Mutter Erde, der in Resonanz mit Ihrem eigenen Herzen geht und den Geist in einen tranceartigen Zustand versetzt.
- Der Stab oder der Stab der Macht, bekannt als sogenannte Volse, ist ein weiteres traditionelles Werkzeug. Mit diesem Stab führt der Schamane Rituale durch, stellt Verbindungen zu Geistwesen her und lenkt Heilenergien. Oft

ist der Stab mit Symbolen, Runen oder Kristallen verziert, die seine Kraft verstärken.

- Kristalle und Edelsteine sind wertvolle Hilfsmittel im nordischen Schamanismus. Sie sind Kinder der Erde und des Feuers, geformt im Herzen der Welt. Jeder Kristall hat seine eigene Energie, seinen eigenen Geist. Quarz wird häufig für seine reinigenden und verstärkenden Eigenschaften genutzt, während Amethyst die spirituelle Weisheit fördert und Turmalin Schutz und Erdung bietet.
- Kräuter und Pflanzen sind ebenfalls unverzichtbare Helfer. Die nordischen Völker schätzten das tiefe Wissen der grünen Welt und ihre heilenden Eigenschaften. Pflanzen wie Engelwurz, Eisenkraut oder Beifuß können verwendet werden, um Räucherwerk herzustellen, Tränke zu brauen oder Amulette zu kreieren.
- Auch Runen spielen eine bedeutende Rolle. Sie sind die alten Zeichen der nordischen Völker, die in Holz, Stein oder Metall geritzt sind. Sie dienen als Orakel, um die Geheimnisse der Zukunft zu enthüllen, als Talismane, um Schutz oder Glück zu bringen, und als magische Zeichen, um Rituale und Zeremonien zu stärken.
- Schließlich ist das eigene Krafttier oder der Geistführer ein wichtiges Hilfsmittel auf der schamanischen Reise. Sie sind Ihre Begleiter und Lehrer, die Ihnen Weisheit, Kraft und Schutz bieten. Sie können in Meditationen, Träumen oder Trancereisen zu Ihnen kommen und Sie auf Ihrem Weg unterstützen.

Jedes dieser Werkzeuge und Hilfsmittel hat seinen Platz in der schamanischen Praxis. Sie sind wie die verschiedenen Instrumente eines Orchesters, die zusammen ein harmonisches Ganzes bilden. Doch es ist wichtig, sie mit Respekt und Achtsamkeit zu behandeln, ihre Energie zu ehren und ihre Hilfe dankbar anzunehmen.

Auswahl und Reinigung der Werkzeuge

Die Auswahl Ihrer schamanischen Werkzeuge und Hilfsmittel ist ein tief persönlicher Prozess, eine Art heilige Interaktion zwischen Ihnen und den Geistern, die diese Objekte bewohnen. Hier sind einige Richtlinien, die Ihnen helfen können, die richtigen Werkzeuge für Ihre Arbeit zu finden und diese auf eine Weise zu reinigen, die ihre energetischen Eigenschaften respektiert und ehrt.

• Auswahl der Werkzeuge

Jedes Werkzeug sollte Sie auf einer intuitiven Ebene ansprechen. Es könnte sein, dass Sie sich von einem bestimmten Kristall, einem Stück Holz für einen Stab oder einer bestimmten Trommel angezogen fühlen. Vielleicht fühlen Sie eine Wärme oder ein Kribbeln in Ihren Händen, wenn Sie es berühren, oder es erzeugt ein Gefühl von Frieden oder Erregung in Ihrem Inneren. Lassen Sie Ihr Herz und Ihre Intuition Sie leiten. Es ist wichtig, sich Zeit zu nehmen und die Energie jedes potenziellen Werkzeugs zu spüren.

• Reinigung der Werkzeuge

Die energetische Reinigung Ihrer Werkzeuge ist ein grundlegender Schritt. Die Reinigung hilft dabei, alle vorherigen Energien, die an dem Werkzeug haften könnten, zu entfernen und es auf Ihre Arbeit vorzubereiten. Es gibt verschiedene Methoden zur Reinigung und Sie können diejenige wählen, die sich für Sie am stimmigsten anfühlt.

- Rauchreinigung:
Dies ist eine der häufigsten Methoden zur energetischen Reinigung. Sie können Räucherwerk wie Salbei, Palo Santo, Beifuß oder andere Kräuter verwenden. Führen Sie das Werkzeug durch den Rauch und stellen Sie sich vor, wie alle negativen oder fremden Energien davon abgewaschen werden.

- Klangreinigung:
Klang ist eine sehr effektive Methode zur Reinigung von Energie. Sie können eine Klangschale, eine Glocke, eine Trommel oder ein anderes Instrument verwenden. Der Klang sollte das Werkzeug vollständig umgeben und alle unerwünschten Energien zerstreuen.

- Erde und Wasser:
Sie können Ihr Werkzeug auch in der Erde vergraben und es einen Tag und eine Nacht dort lassen, damit die Erde alle fremden Energien aufnehmen kann. Wasser, besonders fließendes Wasser aus einem Bach oder Fluss, kann auch verwendet werden, um Werkzeuge zu reinigen. Aber stellen Sie sicher, dass die Materialien Ihres Werkzeugs wasserbeständig sind.

• Aufladen der Werkzeuge

Nach der Reinigung sollten Sie Ihre Werkzeuge aufladen. Sie können dies tun, indem Sie sie in das Licht des Vollmonds oder der Sonne legen oder sie auf eine Amethystdruse setzen. Ein weiterer Weg ist, sie in Ihre Hände zu nehmen und sich vorzustellen, wie Sie sie mit Licht und Liebe füllen.

Jedes Werkzeug ist ein Geschenk, ein Verbündeter auf Ihrer schamanischen Reise. Behandeln Sie es mit Respekt und Dankbarkeit und es wird Ihnen gut dienen.

Verwendung der Werkzeuge

Die Verwendung Ihrer ausgewählten und gereinigten Werkzeuge in Heilritualen ist eine tiefgreifende und persönliche Praxis, die sich mit Erfahrung und Intuition entwickelt. Hier finden Sie Anleitungen zur Integration dieser Hilfsmittel in Ihre schamanischen Heilrituale.

Trommel

Die Trommel, oft als Pferd des Schamanen bezeichnet, ist ein wichtiges Mittel für den Schamanen, um in andere Bewusstseinsebenen zu reisen. Ihre rhythmischen Klänge dienen als Reittier, das den Schamanen durch die Welten trägt. Wenn Sie trommeln, können Sie sich auf eine schamanische Reise begeben, um Heilungsenergie zu holen oder um spirituelle Verbündete zu treffen und um ihre Hilfe zu bitten. Ihre Trommel kann auch dazu dienen, den Raum zu klären, Krankheiten zu vertreiben und Heilungsenergien einzuladen.

Zu Ihrer Orientierung folgt hier eine einfache Schritt-für-Schritt-Anleitung zur Verwendung der Trommel in Ihrer Heilungszeremonie:

Anleitung zur Verwendung der Trommel:

- Beginnen Sie, indem Sie Ihre Trommel vor sich halten. Berühren Sie sie sanft und respektvoll, als wäre sie ein lebendes Wesen. Spüren Sie ihre Energie und ihre Bereitschaft, Sie auf Ihrer Reise zu begleiten.
- Fangen Sie an, zu trommeln, aber tun Sie dies langsam und sanft. Während Sie trommeln, stellen Sie sich vor, dass Sie durch den Klang der Trommel die Spirits oder die heilenden Energien einladen, an Ihrer Zeremonie teilzunehmen.
- Sobald Sie sich bereit fühlen, erhöhen Sie das Tempo Ihrer Trommelschläge. Lassen Sie sich vom Rhythmus tragen und öffnen Sie sich für die Energien und Botschaften, die während Ihrer schamanischen Reise zu Ihnen kommen können.

- Nach Ihrer Reise verlangsamen Sie allmählich das Tempo Ihrer Trommelschläge, als Zeichen für die Spirits, dass Ihre Reise beendet ist und dass es Zeit für Sie ist, in die physische Welt zurückzukehren.
- Beenden Sie Ihre Trommelreise, indem Sie die Trommel sanft streicheln oder küssen. Danken Sie ihr für ihre Hilfe und Unterstützung während Ihrer Reise.

Denken Sie daran, dass Ihre Verbindung zu Ihrer Trommel tief und persönlich ist. Mit der Zeit werden Sie eine eigene Beziehung und Kommunikation mit Ihrer Trommel aufbauen, die Ihre Heilungsrituale unterstützt und bereichert.

Rassel

Die Rassel wird oft verwendet, um Rhythmus und Fokus in Ritualen zu erzeugen, und kann auch zum Reinigen des Raumes oder zur Energiearbeit verwendet werden. Wenn Sie die Rassel schütteln, stellen Sie sich vor, wie die Töne energetische Blockaden aufbrechen und klärende Energien in den Raum senden.

Nachfolgend finden Sie eine einfache Schritt-für-Schritt-Anleitung, wie Sie Ihre Rassel in Ihrer schamanischen Heilungszeremonie verwenden können:

Anleitung zur Verwendung der Rassel:

- Halten Sie zuerst Ihre Rassel in den Händen und fühlen Sie die Energie, die sie birgt. Schütteln Sie sie leicht und hören Sie auf den speziellen Klang, den sie erzeugt. Jede Rassel hat einen einzigartigen Klang, der mit Ihnen in Resonanz treten kann.
- Beginnen Sie Ihr Ritual, indem Sie mit der Rassel um den Raum gehen. Schütteln Sie sie in alle vier Richtungen – Osten, Süden, Westen und Norden – um die Spirits zu ehren und um eine energetisch saubere und geschützte Umgebung für Ihre Heilungszeremonie zu schaffen.
- Verwenden Sie die Rassel, um Rhythmus zu erzeugen und um die Spirits zu Ihrem Ritual einzuladen. Sie können einen einfachen Gesang oder ein Mantra hinzufügen, während Sie die Rassel schütteln, um Ihre Absichten zu stärken.
- Konzentrieren Sie sich darauf, mit der Rassel energetische Blockaden aufzulösen. Stellen Sie sich vor, wie der Klang der Rassel diese Blockaden aufbricht und heilende Energie freisetzt.
- Beenden Sie die Arbeit mit der Rassel, indem Sie sie sanft ablegen und ihr für ihre Unterstützung während der Zeremonie danken.

Jedes Mal, wenn Sie Ihre Rassel in einem Heilungsritual verwenden, stärken Sie Ihre Verbindung zu diesem kraftvollen Werkzeug und vertiefen Ihre Fähigkeit, mit den heilenden Energien des Schamanismus zu arbeiten.

Kristalle und Steine

Diese können als Energiespeicher oder als Werkzeuge zur Fokussierung und Leitung von Energie in einem Heilungsritual dienen. Sie können einen Kristall oder Stein auf den Körper legen, um bestimmte Bereiche zu behandeln, oder Sie können ihn in Ihren Händen halten und sich vorstellen, wie Sie Energie durch ihn in den Körper des Empfängers senden.

Hier ist eine detaillierte Schritt-für-Schritt-Anleitung zur Verwendung von Kristallen und Steinen in Ihren schamanischen Heilungszeremonien:

Auswahl des Kristalls oder Steins:

Der erste Schritt ist die Auswahl des passenden Kristalls oder Steins. Jeder Kristall hat eine einzigartige Energie und kann verschiedene Aspekte der Heilung unterstützen. Sie könnten einen Rosenquarz für emotionalen Trost, einen schwarzen Turmalin für energetischen Schutz oder einen klaren Quarz für allgemeine Heilungsarbeit wählen. Folgen Sie Ihrer Intuition und wählen Sie den Stein, der Sie in dem Moment am stärksten anspricht.

Anleitung zur Auswahl eines Kristalls oder Steins:

- Sobald Sie Ihren Kristall ausgewählt haben, halten Sie ihn in Ihren Händen und fühlen seine Energie. Schließen Sie die Augen und konzentrieren Sie sich auf den Kristall. Stellen Sie eine Verbindung zu ihm her und bitten Sie ihn um Unterstützung in Ihrer Heilungszeremonie.
- Sie können nun den Kristall auf den Körper des Empfängers legen. Sie könnten ihn auf eine bestimmte Stelle legen, die Heilung benötigt, oder Sie könnten ihn in der Hand halten und ihn als Kanal für die Heilungsenergie verwenden. Stellen Sie sich vor, wie die heilende Energie durch den Kristall fließt und in den Körper des Empfängers eindringt, um dort Heilung und Wiederherstellung zu bewirken.
- Wenn Sie das Gefühl haben, dass die Heilungsarbeit abgeschlossen ist, entfernen Sie den Kristall sanft. Bedanken Sie sich bei dem Kristall für seine Unterstützung und legen Sie ihn an einen sicheren Ort. Es ist wichtig, den Kristall nach der Heilungsarbeit zu reinigen, um jegliche Energien zu entfernen, die er während der Zeremonie aufgenommen hat.

Die Verwendung von Kristallen und Steinen in schamanischen Heilungsritualen kann eine kraftvolle Möglichkeit sein, die heilenden Energien der Erde in Ihre Arbeit zu integrieren. Sie bieten eine physische Verbindung zur Natur und können dazu dienen, Ihre Heilungsabsichten zu stärken und zu fokussieren.

Stäbe

Stäbe oder Walking-Sticks dienen oft als Verlängerung der Hand des Schamanen, um Energie zu lenken, zu ziehen oder zu senden. Sie können Ihren Stab benutzen, um den Raum zu reinigen, Schutzkreise zu ziehen oder Energie in bestimmte Bereiche zu leiten.

Hier ist eine detaillierte Schritt-für-Schritt-Anleitung zur Verwendung eines Stabes in Ihren schamanischen Heilungsritualen:

Anleitung zur Auswahl des Stabes:

Zuerst sollten Sie einen passenden Stab auswählen. Dies könnte ein einfacher Wanderstock, ein kunstvoll geschnitzter Stab oder sogar ein natürlich gefallener Ast sein, den Sie in der Natur gefunden haben. Der Stab sollte eine Länge haben, die sich für Sie bequem anfühlt und die Ihren Bedürfnissen entspricht.

- Bevor Sie den Stab in Ihrer Heilungszeremonie verwenden, ist es wichtig, dass Sie ihn reinigen und sich mit seiner Energie verbinden. Sie könnten dies tun, indem Sie ihn in Salzwasser reinigen, ihn im Mondlicht aussetzen oder ihn mit Räucherwerk reinigen. Dann halten Sie den Stab in Ihren Händen, schließen die Augen und fühlen seine Energie. Bitten Sie den Stab um seine Unterstützung in Ihrer Heilungsarbeit.

- Nun sind Sie bereit, den Stab in Ihrer Heilungszeremonie zu verwenden. Sie können ihn dazu benutzen, den Raum zu reinigen, indem Sie ihn um den Raum führen und sich vorstellen, wie er negative Energie entfernt. Sie können auch einen Schutzkreis um den Raum oder den Empfänger der Heilung ziehen. Stellen Sie sich vor, wie der Stab Licht oder positive Energie zieht, die einen schützenden Kreis bildet.
- Der Stab kann auch dazu verwendet werden, Energie in bestimmte Bereiche zu lenken. Sie können den Stab auf den Bereich richten, der Heilung benötigt, und sich vorstellen, wie heilende Energie durch den Stab und in den Empfänger fließt.
- Sobald Sie das Gefühl haben, dass die Heilungsarbeit abgeschlossen ist, bedanken Sie sich bei dem Stab für seine Unterstützung und legen Sie ihn an einen sicheren Ort.

Die Verwendung eines Stabes in Ihrer schamanischen Heilungsarbeit kann Ihnen dabei helfen, Ihre Absichten zu fokussieren und die Energie in Ihre Heilungszeremonien zu lenken. Er dient als physischer Ausdruck Ihrer Willenskraft und hilft Ihnen, die unsichtbaren Energien, mit denen Sie arbeiten, zu manipulieren.

Kräuter und Räucherwerk

Diese können verwendet werden, um den Raum zu reinigen, Schutz zu bieten, spezifische Energien anzuziehen oder die Sinne zu öffnen. Wenn Sie Räucherwerk anzünden, stellen Sie sich vor, wie der Rauch Ihre Absichten und Gebete in den Himmel trägt.

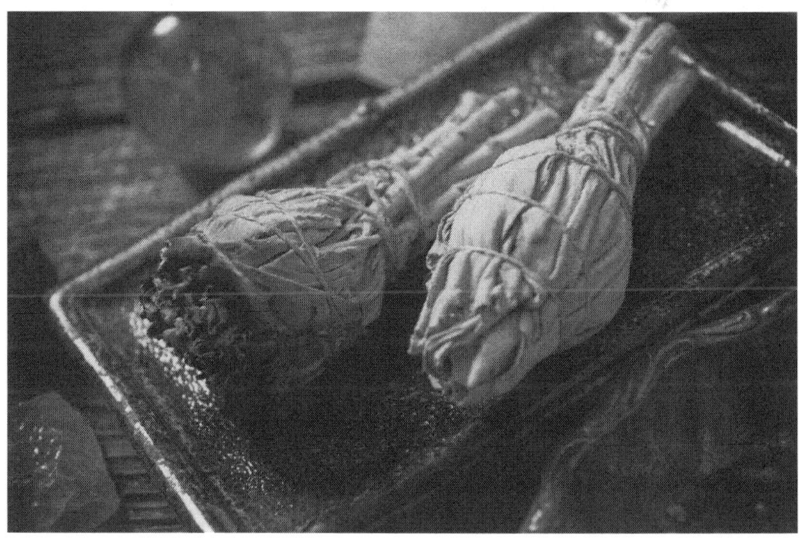

Folgen Sie diesen Schritten, um Kräuter und Räucherwerk in Ihren schamanischen Heilungsritualen zu verwenden:

Anleitung zur Auswahl der Kräuter und des Räucherwerks:
Die Wahl der richtigen Kräuter oder des richtigen Räucherwerks hängt von Ihrem spezifischen Zweck ab. Einige Pflanzen wie Salbei und Zedernholz sind bekannt für ihre reinigenden Eigenschaften, während andere wie Lavendel oder Sandelholz beruhigende oder spirituell erhebende Wirkungen haben können. Informieren Sie sich über die verschiedenen Pflanzen und ihre spirituellen Eigenschaften, um eine passende Auswahl zu treffen.

- Vor der Zeremonie ist es wichtig, den Raum physisch und energetisch zu reinigen. Dies kann durch herkömmliche Reinigungsmethoden wie Staubwischen und -saugen erfolgen, gefolgt von einem energetischen Reinigungsritual mit Ihrem ausgewählten Räucherwerk.
- Sobald der Raum vorbereitet ist, können Sie Ihr Räucherwerk anzünden. Achten Sie darauf, dass Sie eine sichere Unterlage haben, auf der Sie es ablegen können, während es brennt.
- Bewegen Sie das brennende Räucherwerk um den Raum herum, insbesondere in den Ecken und um die Tür- und Fensterrahmen. Stellen Sie sich vor, wie der Rauch negative oder stagnierende Energien auflöst und den Raum mit reinigender und erneuernder Energie füllt.
- Während Sie das Räucherwerk um den Raum herum bewegen, fokussieren Sie sich auf Ihre Absichten für das Heilungsritual. Sie können sich vorstellen, dass Ihre Absichten und Gebete vom Rauch aufgenommen und in das Universum getragen werden.
- Wenn Sie das Gefühl haben, dass der Raum vollständig gereinigt und mit positiver Energie gefüllt ist, können Sie die Räucherzeremonie abschließen. Bedanken Sie sich bei den Pflanzengeistern für ihre Unterstützung und löschen Sie das Räucherwerk sicher aus.

Kräuter und Räucherwerk spielen eine wichtige Rolle in der schamanischen Heilung, indem sie dabei helfen, den Raum zu reinigen, Schutz zu bieten und die richtige Atmosphäre für Ihre Heilungsrituale zu schaffen. Ihre Verwendung ist ein Ritual für sich, das Ihnen hilft, sich auf Ihre Absichten zu konzentrieren und einen heiligen Raum für Ihre Heilungsarbeit zu schaffen.

Denken Sie daran, dass Ihre Beziehung zu Ihren Werkzeugen eine lebendige und sich entwickelnde ist. Mit der Zeit werden Sie lernen, ihre spezifischen Energien und Talente zu erkennen und effektiv zu nutzen. Vertrauen Sie Ihrer Intuition und erlauben Sie sich, kreativ und spielerisch in Ihrer Arbeit zu sein. In der Welt des Schamanismus gibt es keine starren Regeln – nur Richtlinien, die Sie auf Ihrem Weg unterstützen. Die wichtigsten Werkzeuge sind immer Ihr eigenes Herz und Ihre Absicht.

Durchführung von Heilungszeremonien

Eine Heilungszeremonie im nordischen Schamanismus ist ein tiefgreifendes, sorgfältig choreographiertes Ritual, das den Teilnehmer mit den mächtigen Energien der Natur, der Geisterwelt und der inneren Weisheit verbindet. Die Gestaltung des Raums, die Auswahl und Anordnung der Ritualelemente und die Stimmung, die Sie schaffen, tragen alle dazu bei, einen heiligen Raum zu erschaffen, in dem Heilung stattfinden kann. Hier sind einige Schritte, die Sie bei der Durchführung einer Heilungszeremonie beachten können:

Anleitung zur Auswahl des Raums:
Der Raum, den Sie für Ihre Heilungszeremonie wählen, sollte ein Ort sein, an dem Sie sich sicher und ungestört fühlen können. Es könnte ein Raum in Ihrem Haus sein, ein besonderer Ort im Freien oder ein anderes Umfeld, das für Sie heilig ist. Es ist wichtig, dass Sie sich in diesem Raum wohl und frei von Ablenkungen fühlen.

- Bevor Sie mit Ihrer Zeremonie beginnen, ist es wichtig, den Raum energetisch zu reinigen. Dies kann mit Räucherwerk, Klängen oder durch die Visualisierung von reinigendem Licht geschehen. Der Zweck dieses Schrittes ist es, alle negativen oder stagnierenden Energien zu entfernen und den Raum für die Heilungsenergie zu öffnen.
- Der Altar ist ein zentraler Punkt Ihrer Heilungszeremonie. Hier können Sie die Werkzeuge und Symbole platzieren, die Sie für Ihre Heilungsarbeit nutzen möchten. Dies können Kristalle, Trommeln, Rasseln, Kerzen, Bilder oder Statuen sein, die für Sie spirituelle Bedeutung haben. Sie können auch Angebote an die Geister oder die Naturkräfte bringen, wie Blumen, Nahrung oder Wasser.
- Vor Beginn des Rituals ist es üblich, einen Schutzkreis um den Raum zu ziehen. Dies kann mit einem Stab, einer Rassel oder einfach durch die Kraft Ihrer Absicht geschehen. Stellen Sie sich vor, wie Sie einen Kreis aus Licht um den Raum ziehen, der Sie und alle Teilnehmer während der Zeremonie schützt.
- Zu Beginn der Zeremonie können Sie die Geister, Ahnen, Naturkräfte oder andere spirituelle Wesenheiten einladen, die Sie in Ihrer Heilungsarbeit unterstützen. Sie können dies durch Gesang, Trommeln, Gebete oder einfach durch die Kraft Ihrer Absicht tun.
- Bevor Sie mit dem eigentlichen Heilungsritual beginnen, nehmen Sie sich einige Momente Zeit, um sich auf die Heilungsenergie einzustimmen. Sie können dies durch tiefe Atmung, Meditation, Visualisierung oder andere Techniken tun, die Ihnen helfen, Ihren Geist zu beruhigen und Ihre Aufmerksamkeit zu fokussieren.

Die Gestaltung einer Heilungszeremonie im nordischen Schamanismus erfordert Sorgfalt, Respekt und Absicht. Jeder Schritt trägt dazu bei, einen heiligen Raum zu schaffen, in dem Sie sich mit den tiefen, mächtigen Energien der Heilung verbinden können. So schaffen Sie die optimalen Bedingungen für Ihre schamanische Heilungsarbeit.

Techniken zur Aktivierung der Heilenergie

Nach der Gestaltung Ihres Heilungsraums und der Schaffung eines heiligen Raums, der für Ihre Arbeit vorbereitet ist, besteht der nächste Schritt in der Aktivierung der Heilenergie. Es gibt verschiedene Techniken, die Ihnen helfen können, in Kontakt mit dieser Energie zu kommen und sie für Ihre Heilungsrituale zu nutzen. Hier sind einige der zentralen Techniken, die im nordischen Schamanismus angewendet werden:

Seelenreise

Dies ist eine der bekanntesten Praktiken im Schamanismus. Durch den Einsatz von rhythmischen Klängen, wie dem Trommelschlag oder dem Rasseln, versetzen Sie sich in einen tranceartigen Zustand. In diesem Zustand können Sie eine innere Reise unternehmen, um Weisheit zu erlangen, spirituelle Führer zu treffen und Heilenergie zu aktivieren. Während der Seelenreise können Sie spezifische Fragen stellen, um Antworten auf Ihre Anliegen zu erhalten oder Heilung für sich selbst oder andere zu suchen.

Energieübertragung

In vielen schamanischen Traditionen wird angenommen, dass der Schamane die Fähigkeit hat, Heilenergie direkt zu übertragen. Dies kann durch die Hände geschehen, indem Sie Ihre Hände auf die Person legen oder sie über den Körper führen, um Energie zu senden und Blockaden zu lösen. Sie können auch Hilfsmittel wie Kristalle oder Stäbe verwenden, um Energie zu leiten.

Rituelle Gesten und Bewegungen

Viele schamanischen Techniken beinhalten den Einsatz von körperlichen Gesten oder Bewegungen, um Heilenergie zu aktivieren. Dies könnte das Trommeln, Rasseln, Singen, Tanzen oder das Durchführen spezifischer Handbewegungen umfassen. Diese Aktionen helfen nicht nur, Ihre Verbindung zur Heilenergie zu stärken, sondern können auch dazu beitragen, Ihren Geisteszustand zu verändern und Ihre Fähigkeit zur Heilung zu intensivieren.

Gebet und Absicht

Im Herzen jeder schamanischen Heiltechnik steht die Kraft der Absicht. Durch Gebete, Mantras oder einfach klare mentale Fokussierung können Sie Ihre Absicht festlegen und die Heilenergie darauf ausrichten. Wenn Sie Ihre Absicht klar und fokussiert halten, wird sie zu einem mächtigen Werkzeug für die Heilung.

Arbeit mit Geisthelfern

Schamanen arbeiten oft mit Geisthelfern, wie Tiergeistern, Ahnen oder Naturgeistern, um Heilenergie zu aktivieren. Diese Geisthelfer können Ihnen Ratschläge geben, Ihnen bei der Heilung helfen oder als Vermittler zwischen Ihnen und den höheren geistigen Ebenen dienen.

Jeder dieser Ansätze bietet eine andere Art und Weise, sich mit der Heilenergie zu verbinden und sie in Ihrem Heilungsritual zu nutzen. Der Schlüssel liegt darin, die Techniken zu finden, die für Sie am resonantesten sind und Ihnen erlauben, die Heilenergie auf die effektivste und kraftvollste Weise zu aktivieren. Es ist auch wichtig, sich daran zu erinnern, dass das Arbeiten mit Heilenergie immer mit Respekt und Sorgfalt geschehen sollte und dass es entscheidend ist, auf die Weisheit und Führung Ihrer inneren Stimme und Ihrer spirituellen Führer zu hören.

So führen Sie ein Heilritual an sich oder anderen durch

Sobald Sie den Raum vorbereitet und die Heilenergie aktiviert haben, sind Sie bereit, das Heilungsritual selbst durchzuführen. Hier sind zwei grundlegende Anleitungen, eine für ein Selbstheilungsritual und eine für die Heilung anderer, die Ihnen einen Einstieg in diese heilige Praxis geben können.

Selbstheilungsritual

- Beginnen Sie in Ihrem vorbereiteten, heiligen Raum und setzen Sie sich in eine bequeme Position. Atmen Sie tief ein und aus, um sich zu zentrieren und sich auf das bevorstehende Ritual vorzubereiten.
- Sprechen Sie Ihre Absicht aus. Seien Sie dabei so spezifisch wie möglich. Sie könnten zum Beispiel sagen: „Ich beabsichtige, Heilung für meine emotionale Wunde zu finden und mich zu stärken, um zukünftige Herausforderungen besser zu meistern."
- Beginnen Sie Ihre Seelenreise, indem Sie das Schlagen der Trommel oder das Rasseln nutzen. Tauchen Sie in die innere Landschaft ein und bitten Sie Ihre Geisthelfer um Führung.
- Achten Sie auf jegliche Symbole, Botschaften oder Empfindungen, die während Ihrer Reise auftauchen. Dies könnten Hinweise auf das sein, was Sie für Ihre Heilung benötigen.

• Schließen Sie das Ritual mit Dankbarkeit ab. Bedanken Sie sich bei Ihren Geisthelfern und jeglicher Heilenergie, die während des Rituals präsent war.

Heilungsritual für andere

• Bereiten Sie Ihren heiligen Raum vor und bitten Sie die Person, für die Sie das Ritual durchführen, sich bequem hinzusetzen oder hinzulegen.

• Klären Sie die Absicht des Rituals. Sie können dies tun, indem Sie die Person bitten, ihre Absicht zu teilen, oder indem Sie gemeinsam eine Absicht formulieren.

• Nutzen Sie die Techniken, die Sie gelernt haben, um die Heilenergie zu aktivieren. Dies könnte das Trommeln, Rasseln, Auflegen von Händen oder Kristallen, das Gebet oder das Rufen der Geisthelfer beinhalten.

• Bleiben Sie aufmerksam und achtsam während des gesamten Rituals. Achten Sie auf jegliche Eindrücke, Empfindungen oder Botschaften, die auftreten könnten.

• Schließen Sie das Ritual mit Dankbarkeit ab. Bedanken Sie sich bei den Geisthelfern und jeglicher Heilenergie, die während des Rituals präsent war.

Lassen Sie sich nicht von der einfachen Natur dieser Anleitungen abschrecken. Die Vielfalt in der Durchführung von Heilungsritualen ist gerade das Schöne daran. Ihr persönlicher Ansatz, Ihre Tradition und vor allem Ihre Intuition sind entscheidend für das Gelingen. Sie sind Ihr eigener Wegbereiter in der Welt des Schamanismus. Sehen Sie jede Variation und Abweichung als Möglichkeit, Ihr Verständnis zu vertiefen und Ihren persönlichen Stil zu verfeinern. Nutzen Sie Ressourcen, suchen Sie nach Wissen und bitten Sie bei Bedarf um Unterstützung. Sie befinden sich auf einer spannenden Reise des Lernens und Wachsens. Jede Erkundung und Entwicklung dieser heiligen Praktiken erweitert Ihr Verständnis und stärkt Ihre Fähigkeiten. Fühlen Sie sich ermächtigt und ermutigt, denn Sie sind der Meister Ihrer eigenen Heilungsreise.

Arbeit mit schamanischen Techniken zur körperlichen und seelischen Heilung

Im Herzen des nordischen Schamanismus pulsiert eine tiefe Verbindung zur Natur und zu den Rhythmen des Lebens. Diese alte Tradition erkennt die untrennbare Verbindung zwischen Körper, Geist und Seele und bietet eine Vielzahl von Techniken, um Harmonie und Heilung auf allen Ebenen unseres Seins zu fördern.

Eine solche Technik ist die Energiearbeit, eine uralte Praxis, die darauf abzielt, das energetische Gleichgewicht im Körper wiederherzustellen und so die körperliche Gesundheit zu fördern. In der nordischen Tradition ist es weit verbreitet, mit den heilenden Energien der Natur zu arbeiten, seien es die kraftvollen Ströme des Flusses, die stille Stärke des Felsens oder die lebendige Vitalität des Baumes.

Schritt-für-Schritt-Anleitung für schamanische Energiearbeit

- Suchen Sie einen ruhigen Ort in der Natur, wo Sie sich sicher und ungestört fühlen. Dies kann ein Wald, ein Park, ein Garten oder auch nur ein ruhiger Ort in Ihrem eigenen Hinterhof sein.
- Setzen oder legen Sie sich bequem hin und schließen Sie die Augen. Atmen Sie ein paar Male tief ein und aus, um sich zu entspannen und Ihren Geist auf die kommende Übung vorzubereiten.
- Stellen Sie sich vor, wie Sie sich mit den Füßen in die Erde verwurzeln, tief in den Boden hinein, wie der Stamm eines Baumes.
- Stellen Sie sich gleichzeitig vor, wie Sie sich mit den Händen zum Himmel hin öffnen, als würden Sie die Energien des Kosmos empfangen.
- Fühlen Sie, wie die Energie der Erde durch Ihre Wurzeln aufsteigt und die Energie des Himmels durch Ihre Hände herabfließt. Stellen Sie sich vor, wie sich diese beiden Energien in Ihrem Herzzentrum treffen und dort einen strahlenden, heilenden Lichtball bilden.
- Atmen Sie dieses Licht tief in Ihren Körper hinein, lassen Sie es jede Zelle, jedes Organ, jeden Knochen und jede Faser Ihres Seins durchdringen. Stellen Sie sich vor, wie dieses Licht alle Unstimmigkeiten und Blockaden auflöst und Ihren Körper mit heilender Energie auflädt.
- Verweilen Sie einen Moment in dieser Energie, dann nehmen Sie langsam und bewusst wieder Kontakt mit Ihrer physischen Umgebung auf. Bewegen Sie sanft Ihre Finger und Zehen, strecken Sie sich und öffnen Sie die Augen. Es kann hilfreich sein, nach dieser Übung ein Glas Wasser zu trinken oder etwas zu essen, um sich wieder zu erden.

Denken Sie daran, dass Schamanismus eine sehr persönliche Praxis ist und es keine „richtige“ oder „falsche“ Art gibt, diese Übung durchzuführen. Vertrauen Sie Ihrer Intuition und Ihrem persönlichen Empfinden und lassen Sie die Übung sich auf natürliche Weise entfalten. Sie können diese Übung so oft wiederholen, wie Sie möchten, und sie kann ein kraftvolles Werkzeug für körperliche Heilung und energetische Balance sein.

Ein weiteres zentrales Konzept im nordischen Schamanismus ist das der *Hamingja*, eine Art persönlicher Schutzgeist oder Glücksbringer, der oft als eine Art „familiäre Kraft“ betrachtet wird. Die Hamingja ist eng mit dem Schicksal und der Lebenskraft des Einzelnen verbunden und kann durch Rituale und bewusste Handlungen gestärkt werden. Um Ihre Hamingja zu stärken, sollten Sie regelmäßig Zeit in der Natur verbringen, sich ehrlich und integer verhalten und Ihre Verpflichtungen erfüllen. Achten Sie darauf, in Übereinstimmung mit Ihren Werten und Prinzipien zu leben und Ihrem wahren Pfad zu folgen, denn dies wird Ihre Hamingja stärken und Ihnen helfen, Gesundheit, Glück und Erfolg anzuziehen.

Obwohl die Heilungstechniken des nordischen Schamanismus vielfältig und komplex sein können, sind sie alle auf das gleiche Ziel ausgerichtet: die Wiederherstellung von Harmonie und Gleichgewicht, die Förderung der körperlichen und seelischen Gesundheit und die Stärkung der Verbindung zum eigenen wahren Selbst und zum Geheimnis des Lebens. Mit Geduld, Hingabe und dem Mut, die eigenen Tiefen zu erkunden, können Sie diese uralten Weisheiten in Ihr Leben integrieren und einen Pfad der Heilung und Transformation beschreiten.

Lösung emotionaler Blockaden

Emotionale Blockaden entstehen oft durch traumatische Erlebnisse, stressige Ereignisse oder unausgesprochene und unbewusste Emotionen, die sich im Laufe der Zeit ansammeln. Sie können sich auf verschiedene Weisen manifestieren, einschließlich physischer Symptome, Ängsten, negativen Gedankenmustern und hinderlichen Überzeugungen. Indem Sie lernen, diese Blockaden zu erkennen und zu lösen, können Sie den Energiefluss in Ihrem Körper wiederherstellen, Ihre Emotionen ausbalancieren und ein größeres Wohlbefinden erlangen. Schamanische Praktiken bieten hierfür effektive Methoden und Übungen.

Übung 1: Emotionale Blockaden erkennen

- Finden Sie einen ruhigen, ungestörten Ort, an dem Sie sich sicher und entspannt fühlen. Setzen oder legen Sie sich bequem hin und schließen Sie die Augen.
- Atmen Sie tief und gleichmäßig und richten Sie Ihre Aufmerksamkeit auf Ihren Körper. Beginnen Sie bei den Füßen und arbeiten Sie sich langsam bis zum Kopf hoch. Nehmen Sie alle Empfindungen wahr, die auftauchen – Wärme, Kälte, Spannung, Entspannung, Schmerz, Kribbeln etc.
- Fragen Sie sich, wo in Ihrem Körper Sie bestimmte Emotionen fühlen. Wo sitzt die Angst? Wo der Ärger? Wo die Freude? Wo die Traurigkeit?
- Notieren Sie Ihre Wahrnehmungen in einem Tagebuch. Was haben Sie über Ihre emotionalen Blockaden gelernt? Gibt es Muster oder wiederkehrende Themen?

Übung 2: Emotionale Blockaden lösen

- Kehren Sie an Ihren ruhigen Ort zurück und setzen oder legen Sie sich bequem hin.
- Visualisieren Sie die emotionale Blockade als einen physischen Gegenstand oder eine Substanz in Ihrem Körper. Wie sieht sie aus? Wie fühlt sie sich an? Wie bewegt sie sich?
- Stellen Sie sich vor, wie Sie eine heilende Energie – vielleicht als warmes, strahlendes Licht – in die Blockade senden. Sehen Sie, wie diese Energie die Blockade auflöst, verändert oder transformiert.
- Atmen Sie tief ein und stellen Sie sich vor, wie Sie die aufgelöste Blockade aus Ihrem Körper ausatmen. Fühlen Sie, wie Ihr Körper mit jedem Atemzug leichter und freier wird.
- Danken Sie Ihrem Körper und Ihrem höheren Selbst für die Heilung und die Erkenntnisse, die Sie gewonnen haben.

Diese Übungen können Sie so oft wiederholen, wie Sie möchten, und sie können Ihnen dabei helfen, sich Ihrer emotionalen Blockaden bewusst zu werden und diese zu lösen. Es kann hilfreich sein, sich nach diesen Übungen Zeit für Ruhe und Reflexion zu nehmen. Seien Sie dabei sanft und geduldig mit sich selbst – emotionale Heilung ist ein Prozess und kann Zeit in Anspruch nehmen.

Bedeutung von Ritualen und Zeremonien für die seelische Heilung

Rituale und Zeremonien spielen eine zentrale Rolle in der schamanischen Praxis und sind Schlüsselelemente für die seelische Heilung. Sie bieten einen heiligen Rahmen, eine Zeit und einen Raum außerhalb der alltäglichen Realität, in denen Transformation und Heilung stattfinden können. Sie sind wie Brücken zwischen den sichtbaren und unsichtbaren Welten, zwischen dem Hier und Jetzt und der zeitlosen, geistigen Dimension unserer Existenz.

Jedes Ritual, jede Zeremonie ist ein bewusster und absichtsvoller Akt, der dazu dient, eine spezifische Energie, Absicht oder Veränderung zu manifestieren. Sie können helfen, Verlust und Trauer zu verarbeiten, Vergebung und Versöhnung zu finden, Ängste und Blockaden zu überwinden, Schutz und Stärke zu gewinnen, Dankbarkeit und Liebe auszudrücken, Führung und Klarheit zu suchen und vieles mehr.

Rituale und Zeremonien können viele Formen annehmen und sollten an Ihre persönlichen Bedürfnisse und Überzeugungen angepasst werden. Sie können Gebete, Chants, Trommelreisen, Opfergaben, Energiearbeit, Symbolhandlungen, Räucherungen und andere Elemente beinhalten. Wichtig ist, dass Sie eine tiefe, aufrichtige Verbindung mit dem, was Sie tun, fühlen.

In der nordischen Tradition spielen Rituale wie das *Blót* eine wichtige Rolle. Das *Blót* ist eine rituelle Opfergabe an die Götter, die Geister der Natur und die Ahnen, um ihre Gunst zu gewinnen, Dankbarkeit zu zeigen oder um

Heilung und Unterstützung zu bitten. Es beinhaltet oft das Trinken von geweihtem Met, das Zeremoniell in einem speziellen Trinkhorn, das Singen von alten Liedern und Runen und die Darbringung von Opfergaben.

Durch die Ausführung von Ritualen und Zeremonien bringen Sie Ihre innere Welt in Berührung mit den mystischen Energien des Universums. Sie öffnen sich für das Wirken der geistigen Kräfte und ermöglichen so eine tiefgreifende seelische Heilung. Sie erinnern sich daran, dass Sie ein Teil des großen Ganzen sind, verbunden mit allen Wesen und Kräften des Lebens, und dass Sie die Fähigkeit und die Macht haben, Ihr Leben und Ihr Schicksal bewusst zu gestalten. Indem Sie Rituale und Zeremonien in Ihr Leben integrieren, können Sie nicht nur Ihre Wunden heilen, sondern auch Ihre Seele nähren, Ihr Bewusstsein erweitern und Ihren spirituellen Weg stärken.

Integration der Heilung in den Alltag

Selbstpflege ist ein Schlüsselelement auf dem Weg der Heilung und der spirituellen Entwicklung. Es ist der liebevolle Akt der Fürsorge für das eigene Wohl, die Anerkennung der eigenen Bedürfnisse und Grenzen und das bewusste Schaffen von Raum und Zeit für Regeneration, Freude und Wachstum. Es ist die Grundlage für Gesundheit, Ausgeglichenheit und persönliches Wohlbefinden.

In der schamanischen Praxis ist Selbstpflege mehr als nur eine angenehme Aktivität oder eine flüchtige Entspannung. Sie wird zu einem Ritual, zu einem heiligen Akt der Verbindung mit dem Selbst und der Heilung auf allen Ebenen – physisch, emotional, mental und spirituell. Es ist eine Einladung, sich in der Stille des Seins zu verlieren und sich in der Weisheit des Körpers zu finden, die Stimme des Herzens zu hören und die Flamme der Seele zu nähren.

Handlungen der Selbstpflege können viele Formen annehmen und sollten an Ihre individuellen Bedürfnisse, Vorlieben und Lebensumstände angepasst werden. Sie könnten beispielsweise meditative Spaziergänge in der Natur unternehmen, heilende Bäder nehmen, Körperübungen praktizieren, bewusst atmen, kreativ schreiben, malen oder musizieren, nährende Mahlzeiten zubereiten und genießen, inspirierende Bücher lesen, Beziehungen pflegen, die Ihnen wichtig sind, und vieles mehr.In der nordischen Tradition könnte beispielsweise das Tragen von und Meditieren mit einer Rune als Talisman für den Tag zu Ihrer Praxis gehören. Wählen Sie eine Rune, die Ihre Absicht oder Ihren Bedarf für den Tag repräsentiert, tragen Sie sie bei sich und verbinden Sie sich im Laufe des Tages immer wieder bewusst mit ihrer Energie.

Die Implementierung dieser Rituale der Selbstpflege in Ihren Alltag ist eine kraftvolle Art, Ihre Selbstachtung und Selbstliebe zu stärken, Ihre Energie und Vitalität zu erhöhen, Stress und Überlastung zu mindern, Ihre Emotionen zu stabilisieren, Ihre Gedanken zu klären, Ihre Intuition und Kreativität zu fördern, Ihre Beziehung zu sich selbst und anderen zu verbessern und Ihre Fähigkeit zur Heilung und Transformation zu fördern.

Jeder Moment der Selbstpflege ist eine Bestätigung Ihres Wertes, Ihrer Würde und Ihrer Einzigartigkeit. Es ist ein Geschenk, das Sie sich selbst machen, eine Quelle der Freude und der Kraft, eine Investition in Ihr Glück und Ihre Gesundheit.

Es ist der liebevolle Pfad der Selbstfürsorge, der Sie zu tieferer Heilung, größerer Selbstkenntnis und authentischer Selbstverwirklichung führt. Es ist der Weg der Selbstliebe, der Sie zu einem vollen, reichen und erfüllten Leben führt.

Heilerfahrungen im Alltag

Die gewonnenen Heilungserfahrungen in den Alltag zu integrieren, ist ein essentieller Schritt auf dem Pfad der Selbstpflege und der spirituellen Entwicklung. Es geht nicht nur darum, die Heilung während spezieller Rituale oder Praktiken zu erleben, sondern auch darum, diese Heilungserfahrungen in jeden Moment Ihres Lebens zu tragen. Hier sind einige Vorschläge, wie Sie dies tun können:

- Nehmen Sie sich jeden Tag etwas Zeit, um über Ihre Heilungserfahrungen nachzudenken und zu reflektieren, was Sie gelernt haben und wie Sie diese Erkenntnisse in Ihrem täglichen Leben anwenden können. Schreiben Sie in einem Journal, sprechen Sie mit vertrauenswürdigen Freunden oder Betreuern oder nutzen Sie kreative Ausdrucksformen wie Malen, Tanzen oder Musik.
- Nutzen Sie Ihre Heilungserfahrungen, um klare Absichten für Ihren Alltag zu setzen. Wenn Sie beispielsweise in einer schamanischen Sitzung eine neue Perspektive auf ein bestimmtes Problem gewonnen haben, setzen Sie die Absicht, diese Perspektive in Ihrer täglichen Interaktion mit diesem Problem zu nutzen.
- Die Praxis der Achtsamkeit – die Kunst, in jedem Moment präsent und bewusst zu sein – kann Ihnen helfen, Ihre Heilungserfahrungen in den Alltag zu integrieren. Achtsamkeit kann Sie daran erinnern, die Weisheit und das Wissen, das Sie durch Ihre Heilungserfahrungen gewonnen haben, in Ihrem täglichen Leben anzuwenden.
- Erwarten Sie nicht, dass Sie über Nacht große Veränderungen vornehmen können. Die Integration von Heilungserfahrungen ist ein Prozess, der Geduld, Zeit und Übung erfordert. Beginnen Sie mit kleinen, handhabbaren Schritten und seien Sie freundlich und nachsichtig mit sich selbst auf dieser Reise.
- Egal, welche Praktiken oder Rituale Ihnen bei Ihrer Heilung geholfen haben, es ist wichtig, dass Sie sie weiter pflegen und kultivieren. Ob es sich dabei um Meditation, Yoga, Gebet, schamanische Reisen oder andere spirituelle Praktiken handelt, die regelmäßige Pflege dieser Praktiken kann Ihnen helfen, Ihre Heilungserfahrungen zu vertiefen und sie weiter in Ihren Alltag zu integrieren.

Tipps für die Aufrechterhaltung eines energetischen Gleichgewichts

Das Aufrechterhalten eines gesunden, energetischen Gleichgewichts ist ein entscheidender Aspekt der Heilung und Selbstpflege. Jedes Wesen ist ein Netzwerk aus feinstofflichen Energien, die sich ständig bewegen und verändern, und dieses Netzwerk muss sorgfältig gepflegt werden, um optimal zu funktionieren. Hier sind einige Tipps, die Ihnen dabei helfen können:

- Atemübungen

In vielen spirituellen Traditionen wird der Atem als Schlüssel zur Kontrolle und Steuerung der Lebensenergie angesehen. Durch gezielte Atemübungen können Sie lernen, Ihre Energie bewusst zu lenken und auszugleichen.

- Energetische Reinigung

Regelmäßige energetische Reinigung kann dazu beitragen, energetische Blockaden zu lösen und einen gesunden Energiefluss aufrechtzuerhalten. Dies kann durch Techniken wie Reiki, Energieheilung, schamanische Praktiken, Klangtherapie, Aromatherapie oder die Verwendung von Heilsteinen erfolgen.

- Naturverbindung

Verbringen Sie Zeit in der Natur, um sich zu erden und Ihre Energie aufzuladen. Die Erde bietet eine reiche Quelle an heilender Energie und einfach nur barfuß auf dem Gras zu stehen oder gegen einen Baum gelehnt zu sitzen, kann dabei helfen, überschüssige Energie abzuleiten und Ihre energetische Balance wiederherzustellen.

- Gesunde Ernährung und Hydration

Die Nahrung, die Sie zu sich nehmen, und die Flüssigkeiten, die Sie trinken, haben einen direkten Einfluss auf Ihr energetisches Gleichgewicht. Eine ausgewogene, nährstoffreiche Ernährung und ausreichend klares Wasser können dazu beitragen, Ihren Körper und Ihre Energie in Topform zu halten.

- Achtsamkeitsmeditation

Durch das Praktizieren von Achtsamkeit können Sie lernen, sich Ihres Energiezustandes bewusster zu sein und festzustellen, wann Ihr energetisches Gleichgewicht aus der Balance geraten ist. Mit der Zeit können Sie lernen, Ihre Energie bewusst zu regulieren und zu lenken, um ein gesundes Gleichgewicht aufrechtzuerhalten.

- Ruhe und Erholung

Es ist wichtig, Ihrem Körper und Geist regelmäßige Ruhe- und Erholungszeiten zu gönnen. Schlaf, Entspannung und Zeiten der Stille können dazu beitragen, Ihre Energie zu erneuern und Ihr energetisches Gleichgewicht zu stärken.

Tipp:
Denken Sie daran, dass jeder Mensch einzigartig ist und was für eine Person funktioniert, klappt möglicherweise nicht für eine andere. Es geht darum, herauszufinden, welche Praktiken und Techniken für Sie am besten funktionieren und diese in Ihre tägliche Routine zu integrieren.

Traumarbeit im nordischen Schamanismus

Wenn der Tag zur Nacht wird und der Schlaf Ihre müden Augen übermannt, so verabschieden Sie sich nicht einfach nur von einem weiteren Tag, sondern treten vielmehr eine Reise an. Eine Reise, die in den tiefsten und oft verborgenen Winkeln Ihrer Seele beginnt und sich in die weit entfernten Landstriche des Traumreiches erstreckt. In der nordischen schamanischen Praxis ist diese Reise nicht nur eine Zeit des Ruhens, sondern ein Schlüssel zu tiefgründiger Selbsterkenntnis und spiritueller Entwicklung.

In der Dunkelheit, weit jenseits der sichtbaren Welt, weben Träume die Stoffe der Wirklichkeit. Wie das mächtige Nornen-Trio, das in der nordischen Mythologie das Schicksal aller Wesen webt, weben auch Ihre Träume die Muster Ihres Lebens. Sie sind mystische Botschaften, gesandt von Ihrem Innersten, von Ihren Ahnen und vielleicht sogar von den Göttern selbst.

Sie betreten eine Welt, in der die Gesetze der physischen Realität nicht gelten, eine Welt, in der Tiere sprechen, Menschen fliegen und Zeiten und Orte sich verschmelzen und teilen, wie das Spiel der Nordlichter am winterlichen Himmel.

Träume sind nicht bloß ein nächtliches Kino, das uns Geschichten erzählt, während unser Körper ruht. Sie sind vielmehr leuchtende Sterne auf der Karte Ihrer spirituellen Reise, Wegweiser in die Tiefen Ihrer Seele. Jeder Traum hält einen Schlüssel zu Ihrer inneren Weisheit, zu tief verborgenen Wahrheiten und unerkannten Potentialen. Es ist an Ihnen, diese Schlüssel zu entdecken, zu verstehen und zu nutzen.

So treten Sie ein in das Reich der Traumarbeit im nordischen Schamanismus, eine Welt, die so vielfältig und faszinierend ist wie das Muster auf einem Runenstein. Entdecken Sie, wie Sie die Symbole und Botschaften Ihrer Träume entschlüsseln, ihre Energie nutzen und ihre Weisheit in Ihr tägliches Leben integrieren können. Lernen Sie Techniken, um Ihre Traumerinnerung zu verbessern, und erforschen Sie Methoden, um bewusst in die Traumwelt zu reisen und mit ihren Wesenheiten zu kommunizieren.

Träume sind Geschenke. Sie sind Fenster, die Ihnen Einblicke in Ihre innere Welt, Ihre Ängste, Hoffnungen und verborgenen Kräfte bieten. Lassen Sie sich von der mächtigen, mystischen Praxis der nordischen Traumarbeit auf Ihrer spirituellen Reise leiten und begleiten. Sie sind der Traumwanderer. Sie sind der Schlüsselmeister. Der Pfad liegt vor Ihnen, beleuchtet von den Sternen Ihrer Träume.

Die Bedeutung von Träumen im Schamanismus

Im nordischen Schamanismus haben Träume eine außergewöhnlich tiefgreifende Bedeutung und werden nicht nur als Ausdruck unserer unbewussten Gedanken und Gefühle gesehen, sondern als Botschaften aus den mystischen Tiefen unserer Seele und des Universums selbst. Sie sind eine Brücke zwischen den Welten, ein Portal, das die physische Realität mit der spirituellen verbindet.

Jeder Traum ist wie ein gewobener Teppich, reich verziert mit Symbolen und Bildern, die sowohl einzigartig für Sie sind als auch universelle Bedeutungen tragen. Ein fliegender Adler kann Freiheit oder spirituelle Erhebung darstellen; ein tobender Fluss kann emotionale Unruhe symbolisieren. Diese Traumbilder sind wie Runen, alte und mächtige Zeichen, die mit Bedeutungen und Energie geladen sind. Sie zu entschlüsseln, bedeutet, eine tiefere Ebene Ihres Bewusstseins und Ihrer spirituellen Entwicklung zu entdecken.

Träume können als Spiegel dienen, die reflektieren, was in Ihrem Leben geschieht, was Sie fühlen, wünschen oder fürchten. Sie können Sie zu verborgenen Aspekten Ihrer Persönlichkeit führen, Ihnen aufzeigen, wo Heilung benötigt wird, und Ihnen sogar Lösungen für Probleme bieten, mit denen Sie sich auseinandersetzen. Sie können Sie in den Ratssaal der Götter führen oder Sie zu den Wurzeln des Weltenbaums Yggdrasil tragen, wo Sie Weisheit aus den Tiefen der Welten ziehen können. Sie sind Ihre persönlichen Prophetien und Wegweiser, Ihre mystischen Berater und spirituellen Lehrer.

Um jedoch die volle Kraft und Weisheit Ihrer Träume zu nutzen, ist es wichtig, sie bewusst zu erkennen und zu würdigen. Hier kann die Praxis des Führens eines Traumtagebuchs von unschätzbarem Wert sein. Indem Sie Ihre Träume aufzeichnen, sobald Sie erwachen, zollen Sie ihnen Respekt und erkennen ihre Bedeutung an. Sie schaffen einen Raum, in dem Sie ihre Botschaften betrachten, ihre Symbolik untersuchen und ihre Weisheit in Ihr waches Leben integrieren können.

Hier ist eine grundlegende Anleitung zum **Führen eines Traumtagebuchs**, die Sie an Ihre spezifischen Bedürfnisse und Vorlieben anpassen können:

- Wählen Sie ein spezielles Tagebuch und einen Stift aus, die Sie nur für Ihre Traumarbeit verwenden. Sie könnten ein schönes, gebundenes Buch wählen oder sogar ein einfaches Heft. Wählen Sie etwas, das Sie anspricht und das Sie gerne verwenden.
- Legen Sie Ihr Traumtagebuch und Ihren Stift neben Ihr Bett, damit Sie sofort aufwachen und Ihre Träume aufschreiben können. Versuchen Sie, dies zu tun, sobald Sie aufwachen, selbst wenn es mitten in der Nacht ist. Je länger Sie warten, desto mehr Details könnten verblassen.
- Schreiben Sie alles auf, an das Sie sich erinnern, auch wenn es zunächst keinen Sinn zu machen scheint. Beschreiben Sie die Ereignisse des Traums,

die Personen oder Objekte, die darin vorkamen, und alle Gefühle oder Gedanken, die Sie während des Traums oder beim Aufwachen hatten.

- Notieren Sie auch, wie Sie sich fühlen, wenn Sie aufwachen. Fühlen Sie sich ausgeruht, ängstlich, erregt? Diese Gefühle können Hinweise auf die Bedeutung Ihres Traums geben.
- Nehmen Sie sich Zeit, um Ihre Träume zu betrachten und sie zu interpretieren. Was könnten die Symbole bedeuten? Gibt es Verbindungen zu Ereignissen oder Gefühlen in Ihrem wachen Leben? Schreiben Sie diese Gedanken in Ihr Tagebuch.
- Vergessen Sie nicht, regelmäßig Ihr Traumtagebuch zu lesen. Sie könnten Muster oder wiederkehrende Themen entdecken, die Ihnen sonst entgehen könnten. Dies kann Ihnen dabei helfen, tiefergehende Einblicke in Ihre Träume und ihre Bedeutung zu gewinnen.

Das Führen eines Traumtagebuchs ist nicht nur ein Akt der Aufzeichnung, sondern ein Ritual für sich. Es ist ein heiliges Versprechen, das Sie sich selbst geben, ein Versprechen, auf Ihre innere Stimme zu hören und Ihre Träume als Teil Ihres spirituellen Weges zu ehren.

Lassen Sie sich also von der Strömung Ihrer Träume tragen, tauchen Sie ein in ihre Gewässer und lernen Sie ihre Sprache. Schätzen Sie die Landschaften, die sie formen, und die Wesen, die sie bevölkern. Sie sind mehr als bloße nächtliche Fantasien; sie sind Schlüssel zu Ihrer tiefsten Weisheit und mächtige Werkzeuge für Ihre spirituelle Entwicklung. Sie sind Ihr persönliches mystisches Erbe, bereit, von Ihnen entdeckt und genutzt zu werden.

Traumdeutung im nordischen Schamanismus

Die Traumdeutung im nordischen Schamanismus ist eine tiefe und faszinierende Praxis, die weit über das bloße „Lesen“ von Traumbildern hinausgeht. Sie ist ein aktiver Dialog mit dem Unbewussten, eine Wanderung durch die tiefsten Ebenen Ihrer Seele, auf der Suche nach verborgener Weisheit und versteckten Botschaften.

Zwei wesentliche Elemente für die Traumdeutung im nordischen Schamanismus sind die Symbolik und persönliche Assoziationen. Sie dienen als Schlüssel, mit denen Sie die Türen zu tieferen Verständnisebenen Ihrer Träume öffnen können.

Symbolik

Träume sprechen in der Sprache der Symbole. Jedes Element in Ihrem Traum, sei es eine Person, ein Objekt, ein Ort oder ein Ereignis, kann symbolisch sein und eine tiefere Bedeutung tragen. Im nordischen Schamanismus haben viele Symbole eine spezifische Bedeutung, die auf alten Mythen und Überlieferungen beruht. Beispielsweise könnte ein Wolf als Symbol für Instinkt, Freiheit und Gemeinschaft interpretiert werden, während ein Baum ein Symbol für Wachstum, Stabilität und die Verbindung zwischen Himmel und Erde darstellen könnte.

Persönliche Assoziationen

Während einige Symbole allgemeine Bedeutungen haben können, spielt Ihre persönliche Beziehung zu den Symbolen in Ihren Träumen eine entscheidende Rolle bei deren Deutung. Was bedeutet der Wolf oder der Baum für Sie persönlich? Welche Gefühle, Gedanken oder Erinnerungen rufen sie hervor? Ihre individuellen Assoziationen können einen wertvollen Kontext für die Interpretation Ihrer Träume liefern und dabei helfen, ihre einzigartige Botschaft zu entschlüsseln.

Beachten Sie, dass die Traumdeutung keine exakte Wissenschaft ist. Es ist eher eine Kunst, eine Übung der Intuition und des tieferen Zuhörens. Jeder Traum ist einzigartig und spricht in der persönlichen Sprache des Träumers. Ihre Deutungen sollten daher immer Ihren eigenen Gefühlen und Eindrücken entsprechen und nicht notwendigerweise den „offiziellen" oder allgemein akzeptierten Interpretationen.

Erinnern Sie sich daran, dass Sie der beste Deuter Ihrer Träume sind. Sie haben die Schlüssel, um ihre Bedeutung zu entschlüsseln. Vertrauen Sie auf Ihre Intuition, lassen Sie Ihre Vorstellungskraft fließen und geben Sie sich dem wunderbaren Abenteuer der Traumdeutung hin. Ihre Träume warten darauf, gehört zu werden.

Interpretation von häufigen Traumsymbolen

Im flüsternden Nachhall der Nacht, wo die Grenzen zwischen Bewusstsein und Traumreich verschwimmen, bilden sich für Sie geheimnisvolle Symbole, Botschaften von anderer Welt und von Ihnen selbst. Der nordische Schamanismus, tief verwurzelt in der ehrfürchtigen Verbundenheit mit der natürlichen und geistigen Welt, schätzt Ihre Träume als eine reiche Quelle der Weisheit und Selbsterkenntnis. In der weiten, nebelverhangenen Landschaft Ihrer Traumwelt entdecken Sie Symbole – Bilder, Tiere, Menschen, Orte, Ereignisse –, die auf mystische Weise mit Ihrer Seele sprechen und Sie auf Ihren spirituellen Pfaden leiten können.

Im Kontext des nordischen Schamanismus können Sie verschiedene Ansätze verfolgen, um die Bedeutung Ihrer Traumsymbole zu interpretieren. Hier sind zwei grundlegende Methoden:

Kontextuelle Interpretation

Die Kontextuelle Interpretation ermöglicht es Ihnen, Ihre Träume als eine Art innere Landschaft zu betrachten, die von Ihrer eigenen Seele gemalt wurde. Jedes Element in dieser Landschaft, jedes Symbol, hat seinen Platz und seine Bedeutung im Gesamtzusammenhang.

Schritt-für-Schritt-Anleitung:

- Betrachten Sie zunächst das gesamte Traumbild und versuchen Sie, den allgemeinen Kontext und die Atmosphäre zu verstehen. Sind Sie in einer ruhigen, friedlichen Landschaft oder in einer turbulenten, chaotischen Umgebung? Wer oder was ist noch da? Welche Aktionen finden statt?
- Identifizieren Sie das spezifische Symbol, das Sie interpretieren möchten. Dies kann ein Objekt, eine Person, ein Tier oder ein Ereignis sein.
- Versuchen Sie, das Symbol in Beziehung zu seinem Kontext zu setzen. Was ist seine Rolle oder Funktion im Traum? Wie interagiert es mit den anderen Elementen?

- Überlegen Sie, welche Bedeutung dieses Symbol im Kontext des Traumes haben könnte. Was könnte es repräsentieren oder symbolisieren, in Bezug auf die allgemeine Atmosphäre und Handlung des Traumes?

Persönliche Assoziationsinterpretation

Die persönliche Assoziationsinterpretation basiert auf der Annahme, dass die Bedeutung eines Traumsymbols stark von Ihren persönlichen Erfahrungen, Erinnerungen und Gefühlen beeinflusst wird.

Schritt-für-Schritt-Anleitung:

- Wählen Sie das Traumsymbol, das Sie interpretieren möchten.
- Schließen Sie die Augen und konzentrieren Sie sich auf das Symbol. Stellen Sie sich vor, wie es aussieht, sich anfühlt, klingt oder sogar riecht. Lassen Sie alle Assoziationen auf natürliche Weise aufkommen.
- Notieren Sie alle Gedanken, Gefühle, Erinnerungen oder Eindrücke, die das Symbol hervorruft. Lassen Sie sich nicht von logischem Denken oder Urteilen einschränken. Lassen Sie Ihre Intuition frei fließen.
- Betrachten Sie die Liste Ihrer Assoziationen. Gibt es ein gemeinsames Thema oder eine Verbindung zwischen ihnen? Könnten sie Hinweise auf die Bedeutung des Symbols geben?
- Überlegen Sie, wie diese Assoziationen zur allgemeinen Situation oder zu den Themen in Ihrem wachen Leben passen könnten. Könnten sie einen neuen Einblick oder ein tieferes Verständnis von bestimmten Aspekten Ihres Lebens bieten?

Bei beiden Methoden ist es wichtig, daran zu denken, dass Träume die einzigartige Sprache der Seele sprechen, die nur von dem Einzelnen, der träumt, vollständig verstanden werden kann. Es gibt keine universell gültige Traumsprache; ein Symbol, das für eine Person eine bestimmte Bedeutung hat, kann für eine andere Person völlig anders interpretiert werden. Vertrauen Sie Ihrer inneren Weisheit und Ihrem intuitiven Verständnis, um die Botschaften Ihrer Träume zu entziffern und ihre tiefere Bedeutung zu enthüllen. Im Meer der Träume liegt eine Schatztruhe der Selbsterkenntnis und spirituellen Entwicklung verborgen – Sie haben den Schlüssel. Trauen Sie sich, ihn zu benutzen.

Nutzen Sie die Traumdeutung für Ihr Wachstum

Ihre Träume sind eine unerschöpfliche Quelle der Weisheit und des Verständnisses, die Ihnen nicht nur dazu dient, die versteckten Tiefen Ihres Unterbewusstseins zu erforschen, sondern Ihnen auch konkrete Antworten und Lösungen für Ihre aktuellen Lebensprobleme bietet. Im sich ständig wandelnden Fluss des nordischen Schamanismus können Ihre Träume als ein Kompass dienen, der Ihnen hilft, Ihren spirituellen Pfad zu navigieren und Sie näher an Ihr wahres Selbst heranzuführen.

In der komplexen, oft rätselhaften Traumlandschaft finden sich Symbole und Szenarien, die direkte Hinweise auf die Herausforderungen und Probleme geben können, mit denen Sie in Ihrem wachen Leben konfrontiert sind. Zum Beispiel könnte ein Traum von einer blockierten Straße oder einem steilen Berg, der erklettert werden muss, ein Zeichen dafür sein, dass Sie sich in Ihrem Leben blockiert oder überwältigt fühlen. Indem Sie diese Traumsymbole identifizieren und interpretieren, können Sie einen tieferen Einblick in die Natur Ihrer Probleme gewinnen und möglicherweise neue Lösungsansätze oder Perspektiven entdecken, die Ihnen bisher verborgen geblieben sind.

Darüber hinaus kann die Praxis der Traumdeutung auch als kraftvolles Werkzeug für spirituelles Wachstum und persönliche Transformation dienen. Ihre Träume sind wie ein Spiegel, der die verborgenen Aspekte Ihrer Seele reflektiert – Ihre tiefsten Wünsche, Ängste, Hoffnungen und Wunden. Durch das Erkennen und Verstehen dieser Aspekte können Sie beginnen, sie zu integrieren und zu heilen, was Ihnen auf Ihrem Weg zur Selbstverwirklichung und spirituellen Entwicklung enorm hilft.

Ein wichtiger Aspekt der Traumdeutung im nordischen Schamanismus ist die Verbindung zur Natur und zur spirituellen Welt. Es wird angenommen, dass Ihre Träume Botschaften von den Göttern, den Ahnen und den Naturgeistern enthalten können, die Ihnen wichtige Anleitungen und Weisheiten vermitteln. Diese Botschaften können Ihnen helfen, Ihren spirituellen Pfad zu klären, Ihre Verbindung zum Göttlichen zu vertiefen und Ihr Bewusstsein für die tieferen Mysterien des Lebens zu erweitern.

In der nordischen Tradition ist die Fähigkeit, Träume zu deuten, nicht nur ein Zeichen von Weisheit, sondern auch ein Geschenk, das genährt und geschätzt werden sollte. Es ist ein Weg, um die Stimme Ihrer Seele und die Weisheit der spirituellen Welt zu hören und ihre Botschaften in Ihr tägliches Leben zu integrieren. So kann die Traumdeutung zu einem integralen Bestandteil Ihrer spirituellen Praxis und Ihrer Reise zur Selbstverwirklichung werden.

Techniken zur Traumarbeit und Traumerinnerung

Im Reich des Traumes, wo der Schleier zwischen den Welten dünner ist, flüstern Ihnen die Götter, die Ahnen und die Naturgeister Weisheiten zu, die Sie auf Ihrem Weg führen. Doch oft, wie ein verlorener Pfad im Nebel, verschwinden diese Traumbotschaften bei Ihrem Erwachen. Im nordischen Schamanismus gibt es jedoch Praktiken, die die Erinnerung an Träume stärken und ihre verschlüsselten Botschaften greifbar machen können.

Traumrückruf

Dies ist eine alte Technik, die weit zurückreicht in die Zeiten der frühen nordischen Schamanen. Es geht dabei um das bewusste Bemühen, sich an Träume zu erinnern und sie im Bewusstsein zu behalten. Der Traumrückruf ist ein Weg, um die unsichtbaren Pfade, die Sie im Traumzustand beschreiten, sichtbar zu machen und sie ins Licht des Wachbewusstseins zu bringen. Der Akt des Erinnerns ist ein Akt des Brückenschlagens, der die Welt des Traumes mit der Welt des Wachens verbindet. So wird der Traumrückruf zu einer wichtigen Brücke, die Ihnen dabei hilft, die mystischen Botschaften Ihrer Träume zu entschlüsseln und zu verstehen.

Diese Praxis erfordert Geduld und Konstanz, da Sie damit beginnen, jeden Morgen nach dem Aufwachen einige Momente in Stille zu verbringen.

Schritt-für-Schritt-Anleitung für den Traumrückruf

- Legen Sie bei Ihrem Erwachen einen Moment der Stille ein. Bewegen Sie sich nicht und öffnen Sie Ihre Augen nicht sofort. Lassen Sie Ihren Geist noch in der Traumwelt verweilen.
- Versuchen Sie, sich an Ihre Träume zu erinnern. Lassen Sie die Bilder, Geräusche, Gefühle und Ereignisse Ihres Traumes in Ihrem Geist aufsteigen. Zensieren Sie nichts, lassen Sie die Erinnerungen frei fließen.
- Sobald Sie sich an so viele Details wie möglich erinnert haben, greifen Sie zu Ihrem Traumtagebuch und einem Stift. Schreiben Sie alles auf, was Sie erinnern, ohne zu urteilen oder zu analysieren. Notieren Sie auch die Emotionen und Gefühle, die Sie während des Traumes hatten.
- Machen Sie diese Praxis zu einer täglichen Gewohnheit. Mit der Zeit werden Sie bemerken, dass Ihre Fähigkeit, sich an Ihre Träume zu erinnern, stärker wird und Sie tiefere Einblicke in Ihre Träume gewinnen.

Traumritual

Das Traumritual ist eine weitere, tief verwurzelte Praxis in der nordischen schamanischen Tradition, um den Zugang zur Traumwelt zu stärken und zu vertiefen. Im Kern ist es ein Akt der Ehrerbietung, eine Art der Vorbereitung, die die heilige Natur des Traumzustandes anerkennt und feiert. Das Ritual ist ein Schritt in den heiligen Raum der Träume, ein Akt der Übergabe und

Hingabe an die traumhafte Landschaft. Es dient dazu, das Bewusstsein zu öffnen und sich auf die Begegnung mit den Kräften und Wesen der Traumwelt vorzubereiten. So schafft das Traumritual einen sicheren und geweihten Raum, in dem wir uns den Träumen öffnen und sie einladen, uns ihre Botschaften und Lehren zu offenbaren.

Schritt-für-Schritt-Anleitung für das Traumritual

- Schaffen Sie eine ruhige und friedliche Umgebung, in der Sie nicht gestört werden. Sie können gedämpftes Licht oder Kerzenschein verwenden, um eine entspannte Atmosphäre zu schaffen.
- Beginnen Sie das Ritual mit einigen ruhigen Atemübungen. Atmen Sie tief ein, halten Sie den Atem für einen Moment an und atmen Sie dann langsam aus. Wiederholen Sie dies mehrere Male, bis Sie sich vollkommen entspannt und beruhigt fühlen.
- Entzünden Sie eine Kerze oder ein Räucherwerk als Zeichen des Übergangs in den Traumzustand. Sie können dazu auch eine spezielle Räuchermischung verwenden, die zur Förderung von Träumen und zur Entspannung beiträgt.
- Sprechen Sie eine Absicht oder ein Gebet aus, in der bzw. dem Sie die Geister oder Götter bitten, Ihnen klare und erinnerbare Träume zu senden. Dies könnte so einfach sein wie: „Ich bitte um klare und erinnerbare Träume, die mir Weisheit und Führung schenken."
- Legen Sie sich ins Bett und lassen Sie den Duft des Räucherwerks und das flackernde Kerzenlicht Sie in den Schlaf führen. Konzentrieren Sie sich auf Ihre Absicht und öffnen Sie sich für die Botschaften, die Ihnen in Ihren Träumen gesendet werden.

Diese Praktiken dienen als Brücke zwischen der physischen und der spirituellen Welt und helfen Ihnen, die Botschaften Ihrer Träume klarer zu hören und zu verstehen. Durch sie können Sie Ihre Träume als Quelle von Weisheit und Führung ehren und ihre Kraft in Ihr waches Leben integrieren.

Reisen in die Traumwelt und Arbeit mit Traumsymbolen

In den tiefen Gewässern Ihrer Seele flüstern die Träume ihre Geschichten, gesponnen aus den Fäden von Vergangenheit, Gegenwart und Zukunft. Sie bieten einen mystischen Zugang zu verborgenen Wahrheiten und unergründeten Weisheiten. In der nordischen schamanischen Tradition gibt es jahrtausendealte Techniken, die Ihnen den Weg weisen, bewusst in diese Traumwelt einzutauchen, um ihre Botschaften nicht nur zu empfangen, sondern aktiv darin zu navigieren und mit ihr zu interagieren.

In der weiten Landschaft des Unbewussten, durchzogen von kristallklaren Fjorden der Intuition und den stürmischen Ebenen des Unbewussten, können

Sie zu einem Traumwanderer werden. Der bewusste Eintritt in die Traumwelt – das sogenannte schamanische Traumwandern – ist eine Schlüsselkompetenz des nordischen Schamanen, eine Fähigkeit, die ebenso tiefgehend wie befreiend ist. Der schamanische Traumwanderer geht nicht zufällig in seine Träume. Stattdessen nutzt er spezifische Techniken, um sich auf den Traumzustand vorzubereiten und diesen bewusst zu betreten. Dies kann durch die Praxis der Meditation erreicht werden, um einen Zustand tiefer Entspannung und erhöhter Bewusstheit zu erreichen, sowie durch Rituale und Gebete, um die Traumwelt zu ehren und sich mit ihr zu verbinden.

Die Fähigkeit, bewusst in Träume einzutreten, ist mehr als nur eine Technik. Sie ist ein Akt des Erwachens in einer Welt, die oft als das Reich des Schlafes gesehen wird. Sie öffnet den Weg zu einer Welt, die ebenso reich und lebendig ist wie die physische Welt, und ermöglicht uns, mit den Weisheiten und Energien dieser Welt in direkten Kontakt zu treten.

Diese Praxis erfordert Geduld, Übung und Hingabe. Aber wenn Sie sich auf diesen Weg begeben, wenn Sie sich entscheiden, in der lebendigen Welt Ihrer Träume zu wandeln, werden Sie mit tieferen Einsichten, heilenden Botschaften und persönlicher Transformation belohnt. Sie beginnen eine Reise, die Sie über die Grenzen des Gewöhnlichen hinausführt und Sie mit den zeitlosen Mysterien des Universums verbindet, wie sie im nordischen Schamanismus verstanden werden.

Die Arbeit mit Traumsymbolen

Wenn Sie in die faszinierende Welt Ihrer Träume eintauchen, werden Sie auf eine Vielzahl von Symbolen stoßen. Diese Symbole sind wie Rätsel, eingebettet in die Landschaft Ihrer Traumwelt, und warten darauf, entschlüsselt zu werden. In der nordischen schamanischen Tradition spielen Traumsymbole eine zentrale Rolle, sie werden als Botschafter des Unbewussten und als Träger von spirituellen Botschaften gesehen. Sie sind Wegweiser auf Ihrer inneren Reise und Schlüssel zu tieferen Ebenen des Bewusstseins und der Selbstkenntnis.

Die Arbeit mit Traumsymbolen ist ein integraler Bestandteil der schamanischen Praxis. Sie verbindet die bewusste und die unbewusste Dimension Ihres Seins und schafft einen Dialog zwischen beiden. Indem Sie lernen, Ihre Traumsymbole zu interpretieren und mit ihnen zu interagieren, treten Sie in einen tieferen Kontakt mit sich selbst und dem universellen Weisheitsfeld, das Sie umgibt.

Doch die Arbeit mit Traumsymbolen im nordischen Schamanismus geht über eine bloße Interpretation hinaus. In dieser Tradition sind Symbole lebendige Wesenheiten, sie sind wie Wesen aus einer anderen Dimension, die mit Ihnen kommunizieren wollen. Anstatt sie nur zu analysieren, werden Sie dazu ermutigt, eine Beziehung zu ihnen aufzubauen und mit ihnen zu interagieren.

Sie können lernen, sich auf die Energie eines Symbols einzustimmen und es in Ihr Bewusstsein einzuladen. Sie können Fragen stellen, um seine Bedeutung zu klären, oder seine Hilfe und Führung suchen. Sie können sogar versuchen, das Symbol in Ihre schamanischen Rituale und Zeremonien zu integrieren, um seine Energie und Weisheit zu nutzen und in Ihr Leben zu integrieren.

Im Kontext des nordischen Schamanismus sind Traumsymbole nicht nur passive Elemente Ihres Traumes, sondern aktive Mitgestalter Ihrer spirituellen Reise. Sie sind wie Wegweiser und Lehrer, Helfer und Heiler, die Ihnen dabei helfen können, Ihre inneren Landschaften zu erkunden und sich mit den mystischen Energien des Universums zu verbinden. Indem Sie mit Ihren Traumsymbolen arbeiten, treten Sie in einen Dialog mit dem tiefsten Teil von Ihnen selbst und mit dem Mysterium des Lebens selbst. Sie öffnen sich für neue Perspektiven und Einsichten und Sie werden ein aktiver Teilnehmer auf Ihrer Reise der spirituellen Entdeckung und Transformation.

Übungen zur Kommunikation mit Traumwesenheiten und zur Erforschung der Traumlandschaften

Die Welt der Träume ist nicht nur ein Spiegel Ihrer inneren Landschaft, sondern auch ein reiches, pulsierendes Universum voller Wesenheiten, Symbole und Szenen. In dieser Welt, die jenseits der normalen Wahrnehmung liegt, gibt es viel zu entdecken und zu lernen. Die Fähigkeit, mit den Wesenheiten der Traumwelt zu kommunizieren und ihre Landschaften zu erkunden, ist ein mächtiges Werkzeug in der Praxis des nordischen Schamanismus.

Lassen Sie sich nun auf eine Reise ein, um drei Schlüsseltechniken zu erlernen, mit denen Sie die faszinierende Vielfalt Ihrer Traumwelt aktiv erkunden und sich mit ihren Bewohnern in Verbindung setzen können.

Übung: Dialog mit Traumsymbolen

Im Reich der Träume begegnen Sie oftmals lebendigen Symbolen, die Ihnen Botschaften überbringen oder Ihnen etwas Wichtiges zeigen möchten. Diese Wesen können in vielen Formen erscheinen – als Tiere, Pflanzen, Elemente, Personen oder sogar als abstrakte Formen oder Symbole. In dieser Übung lernen Sie, wie Sie diesen Symbolen begegnen und mit ihnen kommunizieren können, um ihre Weisheit zu erfahren und ihre Energie zu nutzen.

Schritt für Schritt Anleitung:

- Begeben Sie sich in einen ruhigen, entspannten Zustand der Meditation.
- Rufen Sie das Bild eines Traumsymbols in Ihrem Geist hervor, mit dem Sie kommunizieren möchten.
- Stellen Sie eine Verbindung zu diesem Symbol her, indem Sie es mit Respekt begrüßen und seine Anwesenheit anerkennen.

- Stellen Sie dem Traumsymbol Fragen. Seien Sie offen für alle Antworten, die kommen, ob als Worte, Bilder, Gefühle oder einfach als ein Wissen, das Sie plötzlich haben.
- Bedanken Sie sich bei dem Symbol für seine Botschaft und lassen Sie es gehen.
- Notieren Sie Ihre Erfahrungen in Ihrem Traumtagebuch.

Übung: Erkundung der Traumlandschaft

In dieser Übung lernen Sie, wie Sie durch die Landschaften Ihrer Träume reisen und ihre Geheimnisse und Schätze entdecken können.

Schritt-für-Schritt-Anleitung:

- Beginnen Sie mit einer entspannenden Atemübung, um Ihren Geist zu beruhigen und sich auf die Reise vorzubereiten.
- Rufen Sie das Bild einer Traumlandschaft in Ihrem Geist hervor. Dies kann ein Ort sein, den Sie in einem Traum besucht haben, oder ein Ort, den Sie erkunden möchten.
- Lassen Sie sich in diese Landschaft fallen und beginnen Sie, sie zu erkunden. Nehmen Sie alle Sinneswahrnehmungen wahr, die auftauchen.
- Seien Sie offen für alle Erkenntnisse, Botschaften oder Geschenke, die die Traumlandschaft für Sie bereithält.
- Wenn Sie bereit sind, verabschieden Sie sich von der Traumlandschaft und kehren Sie mit Ihrer Aufmerksamkeit in Ihren Körper zurück.
- Notieren Sie Ihre Erfahrungen in Ihrem Traumtagebuch.

Übung: Begegnung mit Traumwesen

Traumwesen sind oft mächtige Botschafter und Führer. In dieser Übung lernen Sie, wie Sie diese Wesenheiten treffen und mit ihnen interagieren können.

Schritt-für-Schritt-Anleitung:

- Setzen Sie sich bequem hin und atmen Sie tief ein und aus, um in einen entspannten Zustand zu gelangen.
- Rufen Sie das Bild eines Traumwesens in Ihrem Geist hervor. Es kann ein Wesen sein, das Sie in einem Traum getroffen haben, oder ein Wesen, das Sie gerne treffen würden.
- Gehen Sie auf das Wesen zu und begrüßen Sie es respektvoll.

- Stellen Sie Fragen und hören Sie aufmerksam zu. Die Antworten können in vielfältigen Formen auftauchen.
- Bedanken Sie sich bei dem Wesen für seine Zeit und Weisheit und verabschieden Sie sich.
- Kehren Sie langsam in Ihren Körper zurück und notieren Sie Ihre Erfahrungen in Ihrem Traumtagebuch.

Diese Übungen sind ein wichtiger Schritt auf Ihrem Pfad der Traumarbeit und der schamanischen Praxis. Sie ermöglichen es Ihnen, aktiv in der Traumwelt zu agieren, anstatt nur passiv ihre Bilder und Botschaften zu empfangen. Indem Sie die Fähigkeit erlernen, die Welt Ihrer Träume bewusst zu erkunden und mit ihren Bewohnern zu kommunizieren, öffnen Sie eine tiefe Quelle der Weisheit und der Selbstentdeckung.

Traumarbeit zur Selbsterkenntnis und spirituellen Entwicklung

Traumarbeit ist nicht nur eine Praxis der Selbsterkennung, sondern auch ein lebendiger Pfad Ihrer spirituellen Entwicklung. Indem Sie lernen, in die tieferen Schichten Ihres Bewusstseins einzutauchen, haben Sie die Möglichkeit, sich mit dem unergründlichen Brunnen Ihrer inneren Weisheit und Kreativität zu verbinden. Die schamanische Traumarbeit lädt Sie ein, diese innere Landschaft zu erforschen und die Schätze zu bergen, die sie Ihnen offenbart.

Traumarbeit als Werkzeug zur Selbsterkenntnis

Wenn Sie sich auf die Reise der schamanischen Traumarbeit begeben, öffnen Sie sich für eine transformierende Praxis, die dazu dient, die schimmernden Pfade Ihres Unterbewusstseins zu erkunden. Jeder Traum, den Sie haben, ist wie eine perlenbesetzte Muschel, die am Meeresboden Ihres Geistes versteckt ist, bereit, ihre Geheimnisse zu enthüllen, wenn Sie bereit sind, tief zu tauchen.

Das regelmäßige Aufzeichnen Ihrer Träume ist der erste Schritt auf dieser Reise. Sie könnten ein spezielles Traumtagebuch in der Nähe Ihres Bettes bereithalten, um Ihre Träume sofort nach dem Aufwachen aufzuschreiben. Es könnte auch hilfreich sein, spezielle Symbole oder Motive zu markieren, die in Ihren Träumen auftauchen und besonders bedeutsam erscheinen.

Die Untersuchung dieser Träume ist dann die nächste Stufe der Reise. Durch das Eintauchen in die reichen und oft rätselhaften Geschichten, die Ihre Träume erzählen, können Sie ein leuchtendes Licht auf die unbewussten Aspekte Ihres Selbst werfen. Tief in diesen Traumwelten versteckt, können Sie Ihre innersten Wünsche, Ängste und Sehnsüchte aufdecken, die sonst im alltäglichen Leben unerkannt bleiben könnten. Vielleicht entdecken Sie auch tiefer vergrabene Muster und Überzeugungen, die wie unsichtbare Ströme durch Ihr Leben fließen und Ihre Gedanken, Gefühle und Handlungen beeinflussen.

Dies ist kein Pfad, der sich leicht oder schnell beschreiten lässt. Es erfordert Geduld, da die Sprache der Träume oft verschlüsselt und vielschichtig ist. Es erfordert Offenheit, um sich den oft verblüffenden und unerwarteten Botschaften, die in Ihren Träumen verborgen sind, zu öffnen. Und es erfordert den Mut, sich Ihren Schatten und verborgenen Wahrheiten zu stellen, die in Ihren Träumen ans Licht kommen können.

Aber auch wenn diese Reise herausfordernd sein kann, sind die Belohnungen immens und tiefgehend. Indem Sie sich selbst auf diesen tieferen Ebenen kennenlernen, können Sie ein stärkeres Selbstbewusstsein und ein tieferes Verständnis für Ihr wahres Ich entwickeln. Diese Selbsterkenntnis kann dazu beitragen, Ihre Beziehungen zu verbessern, indem Sie klarer erkennen, was Sie in Ihren Interaktionen mit anderen bewegt. Es kann Ihnen helfen, Ihre persönlichen Ziele und Träume klarer zu sehen und zu verstehen, was Sie wirklich motiviert. Und es kann Sie dazu ermutigen, ein erfüllteres und authentischeres Leben zu führen, indem Sie tiefer in Verbindung mit Ihrem wahren Selbst und Ihren innersten Wünschen und Werten stehen.

In der endlosen Tiefe der Traumlandschaften finden Sie schließlich einen Spiegel Ihrer eigenen Seele. Hier können Sie sich selbst in all Ihren Facetten erkennen, die hellen und die dunklen, die bekannten und die fremden. Durch das Eintauchen in diese inneren Welten entdecken Sie die unendliche Tiefe Ihres Seins und öffnen sich für die unergründliche Weisheit und Kreativität, die in Ihnen schlummern. Die Traumarbeit ist somit ein kraftvolles Werkzeug zur Selbsterkenntnis und ein kostbarer Schatz auf dem Weg Ihrer persönlichen und spirituellen Entwicklung.

Integration von Traumerkenntnissen in den persönlichen spirituellen Weg

Die Geheimnisse, die Ihnen Ihre Träume offenbaren, sind nicht nur Werkzeuge zur Selbsterkenntnis, sondern auch funkelnde Juwelen von Weisheit, die Sie auf Ihrem spirituellen Weg erleuchten können. Die Praxis der Traumarbeit kann zu einem kraftvollen Leitfaden für Ihre spirituelle Entwicklung werden, eine Brücke zwischen dem Bewussten und dem Unbewussten, dem Materiellen und dem Spirituellen.

In den verwinkelten Gassen Ihrer Traumlandschaften begegnen Sie den Tiefen Ihrer Seele, den verborgenen Mysterien des Lebens und den transpersonalen Dimensionen Ihrer Existenz. Ihre Träume sind wie ein kosmisches Netz, das Sie mit den universellen Energien und Weisheiten verbindet, die das Fundament Ihres Seins und das der gesamten Schöpfung bilden. Sie können Ihnen Zugang zu altem Wissen und tiefer Einsicht bieten, Sie in Kontakt bringen mit Ihren spirituellen Führern und Sie auf die unendlichen Möglichkeiten hinweisen, die Ihnen auf Ihrer Lebensreise zur Verfügung stehen.

Die Erkenntnisse, die Sie aus Ihren Träumen gewinnen, können auf vielfältige Weise in Ihren persönlichen spirituellen Weg integriert werden. Vielleicht möchten Sie die Botschaften und Symbole, die Ihnen Ihre Träume offenbaren, in Ihre Meditationen einfließen lassen. Sie könnten diese Bilder und Geschichten als Fokus für Ihre Aufmerksamkeit verwenden, um tiefere Zustände der inneren Stille und Klarheit zu erreichen.

Auch Ihre Rituale können von den Erkenntnissen Ihrer Träume profitieren. Vielleicht entdecken Sie in einem Traum ein Symbol oder einen Gegenstand von besonderer Bedeutung. Sie könnten diesen in Ihr Ritual einbeziehen, um Ihre Verbindung zur spirituellen Dimension Ihrer Existenz zu stärken.

In Ihren Gebeten oder anderen spirituellen Praktiken können Sie sich ebenfalls auf die Weisheit Ihrer Träume stützen. Vielleicht möchten Sie eine besondere Frage oder ein Anliegen, das Sie bewegt, in Ihren Träumen erforschen. Sie können eine Frage vor dem Schlafengehen stellen und dann auf die Antwort warten, die Ihnen Ihr Traum in der darauffolgenden Nacht offenbart. Diese Methode kann Ihnen tiefe Einsichten und klare Anleitungen zu den Themen geben, die Sie in Ihrer spirituellen Praxis erforschen möchten.

In den kühlen, silbergetränkten Tiefen der Traumwelt können Sie einen unermesslichen Schatz an spiritueller Weisheit und Einsicht finden. Durch die Integration dieser Traumerkenntnisse in Ihren persönlichen spirituellen Weg können Sie eine tiefere Verbindung zu Ihrem wahren Selbst und dem Kosmos aufbauen und Ihren Weg mit größerer Klarheit, Weisheit und Kraft gehen.

Träume als Quelle von Inspiration, Kreativität und spiritueller Entwicklung

Die Welt Ihrer Träume ist ein unerschöpflicher Brunnen der Inspiration und Kreativität. Sie ist ein Raum, in dem Sie sich von den Grenzen der physischen Welt befreien und in die unendlichen Möglichkeiten des Bewusstseins eintauchen können. In Ihren Träumen können Sie fantastische Landschaften erforschen, mit mythischen Wesen kommunizieren, durch Zeit und Raum reisen und die Gesetze der Physik auf den Kopf stellen.

Lernen Sie, aus dieser Quelle zu schöpfen, um Ihre kreativen Fähigkeiten zu erweitern, neue Ideen und Lösungen zu finden und Ihre Sichtweise zu erweitern. Die Traumarbeit kann zudem Ihr spirituelles Wachstum fördern, indem sie Sie in die Lage versetzt, tiefere Ebenen der Realität zu erfassen, sich mit den göttlichen oder spirituellen Aspekten Ihrer Existenz zu verbinden und das Mysterium und die Schönheit des Lebens zu erkunden und zu würdigen.

Schließlich eröffnet Ihnen die Integration der Traumarbeit in Ihren Alltag und Ihre spirituelle Praxis ein tieferes Verständnis Ihres Selbst und des Universums. Die Weisheit und die Einsicht, die Sie aus Ihren Träumen gewinnen, können Ihnen dabei helfen, Ihren Lebensweg mit mehr Bewusstsein, Mut und Mitgefühl zu beschreiten und Ihr Potenzial voll auszuschöpfen. Traumarbeit ist somit nicht nur eine Reise der Selbsterkennung, sondern auch ein Pfad der Transformation und spirituellen Erweckung.

Zeremonien im nordischen Schamanismus

Die Tiefen und Transformationen, die Zeremonien im nordischen Schamanismus bieten, sind der nächste Halt auf dieser eindrucksvollen Reise. Sie, als Adept auf dem Pfad, werden eingeladen, das Herz und die Seele des Schamanismus – seine Zeremonien – zu entdecken. Zeremonien dienen als mächtige Werkzeuge der Veränderung, der Heilung und der Verbindung mit den Mysterien der Existenz. Sie sind ein heiliges Theater, eine Inszenierung der inneren und äußeren Realitäten, eine Brücke zwischen den Welten, die es ermöglicht, in direkten Kontakt mit den spirituellen Dimensionen und Kräften des Lebens zu treten.

Im nordischen Schamanismus haben Zeremonien eine besonders tiefe und reiche Tradition, geerbt von den alten nordischen Völkern. Sie zeichnen sich durch eine tiefe Verbindung mit den Elementen der Natur, den Zyklen des Jahres und den Mächten des Kosmos aus. Eine Vielzahl von rituellen Elementen wird genutzt, darunter Musik, Tanz, Gesang, Runen, Talismane, heilige Gegenstände und vieles mehr.

In diesem Kapitel erwartet Sie eine Entdeckungsreise: die Bedeutung und Vielfalt der schamanischen Zeremonien, der Aufbau und die Durchführung von Zeremonien, die Bedeutung der Jahreskreisfeste im nordischen Schamanismus sowie die Rolle von Musik, Tanz und Gesang in den Zeremonien. Darüber hinaus erhalten Sie Anleitungen und Inspirationen zur Integration von Zeremonien in den persönlichen spirituellen Weg sowie zur Gestaltung und Anpassung eigener Zeremonien, um individuellen Bedürfnissen und Zielen gerecht zu werden.

Es ist Zeit, in die faszinierende Welt der schamanischen Zeremonien einzutauchen und sich von der Kraft und Schönheit dieser alten Praktiken inspirieren und transformieren zu lassen.

Die Bedeutung von Zeremonien im Schamanismus

Die Rolle von Zeremonien im nordischen Schamanismus ist tief verwurzelt und zentral für die transformierende Wirkung dieser spirituellen Praxis. Sie dienen nicht nur als äußere Ausdrucksformen der Verehrung und des Respekts gegenüber den Naturkräften und geistigen Wesenheiten, sondern auch als Katalysatoren für innere Veränderungen. Diese Änderungen können körperlich, emotional, mental und spirituell sein und haben das Potenzial, Sie auf tiefgreifende Weise zu berühren und zu formen.

In einer Zeremonie treten Sie in einen heiligen Raum ein, in dem die gewöhnlichen Grenzen von Zeit und Raum aufgehoben zu sein scheinen. Sie betreten ein Reich, in dem die physische und spirituelle Welt aufeinandertreffen, in dem Sie in direkten Kontakt mit den tieferen Aspekten Ihres Selbst und den transpersonalen Dimensionen der Existenz treten können. Diese Reise kann tiefe Einsichten, Heilung und Transformation hervorrufen, indem sie alte Wunden aufdeckt, verborgene Talente und Fähigkeiten enthüllt, unterdrückte Emotionen freisetzt und Ihnen hilft, Ihre wahre Natur und Ihren Platz im großen Gefüge des Lebens zu erkennen.

Zeremonien fungieren auch als Schwellen, als Übergänge zwischen verschiedenen Zuständen des Seins. Sie markieren wichtige Übergänge im Leben, sowohl die äußeren – wie Geburt, Erwachsenwerden, Heirat, Tod – als auch die inneren – wie spirituelles Erwachen, Initiation in neue Wissensbereiche oder das Erreichen eines bestimmten Ziels auf dem spirituellen Weg.

In der Zeremonie wenden Sie sich mit Respekt und Ehrfurcht an die Geister, die Götter und Göttinnen, die Elemente und die Ahnen und bitten um ihre Unterstützung, Führung und Segnungen. Es geht auch darum, etwas zurückzugeben, in Form von Opfergaben, Dankbarkeit und der Bereitschaft, die empfangenen Gaben und Erkenntnisse in den Dienst des Lebens und der Gemeinschaft zu stellen.

Zeremonien sind somit nicht nur Rituale oder symbolische Handlungen. Sie sind vielmehr lebendige, dynamische Praktiken, die es ermöglichen, tiefer in die Mysterien des Lebens einzutauchen, sich mit den geistigen Kräften und Energien zu verbinden und diese Energien in den Dienst der Heilung, Transformation und Weiterentwicklung zu stellen. Es sind Praktiken, die Herz, Geist und Körper in Einklang bringen und so den Weg für ein erfülltes und kraftvolles Leben ebnen.

Arten von Zeremonien

In der nordischen schamanischen Tradition existieren zahlreiche Arten von Zeremonien, die jeweils eine spezifische Absicht und Bedeutung haben. Einige der prominentesten sind:

• Einweihungsrituale (Initiationszeremonien)

Diese Zeremonien markieren wichtige Übergänge und Transformationen auf dem spirituellen Pfad. Bei der Initiation wird der Einzelne in neue Ebenen des Wissens und der Erfahrung eingeführt. Sie kann beispielsweise das Übernehmen einer neuen Rolle oder Verantwortung in der Gemeinschaft, den Übergang in eine neue Lebensphase oder den Beginn eines neuen Kapitels auf dem persönlichen spirituellen Weg markieren.

• Dankeszeremonien

Diese Zeremonien sind Ausdruck von Dankbarkeit gegenüber den geistigen Wesenheiten, den Ahnen, den Elementen und den natürlichen Kräften. Sie können als Antwort auf empfangene Gaben und Segnungen oder als allgemeiner Ausdruck von Wertschätzung und Respekt durchgeführt werden.

- **Heilungszeremonien**

In diesen Zeremonien werden heilige Techniken und Rituale eingesetzt, um Heilung auf körperlicher, emotionaler, mentaler und spiritueller Ebene zu unterstützen. Das kann beispielsweise durch Energiearbeit, Seelenrückholung, Ahnenarbeit oder Arbeit mit Krafttieren geschehen.

- **Bittzeremonien**

Diese Zeremonien dienen dazu, um Unterstützung, Führung, Schutz oder Segnungen von den geistigen Wesenheiten, den Ahnen oder den Naturkräften zu bitten.

- **Reinigungszeremonien**

Hier werden spezielle Rituale und Praktiken durchgeführt, um negative Energien, Blockaden oder Unreinheiten auf körperlicher, emotionaler, mentaler oder spiritueller Ebene zu klären und zu transformieren.

Jede dieser Zeremonien hat ihre eigene Struktur, ihre eigenen Ritualelemente und ihre eigene symbolische Sprache. Sie alle jedoch eröffnen einen heiligen Raum, in dem Sie tiefer in Kontakt mit Ihrer wahren Natur und mit den Mysterien und Kräften des Lebens treten können.

Der Schlüssel zu einer tiefgreifenden Zeremonialpraxis im nordischen Schamanismus liegt in der Entwicklung einer persönlichen Beziehung zu den Zeremonien, die Sie durchführen. Jede Zeremonie ist ein Tanz zwischen Ihnen und den Kräften, mit denen Sie interagieren – den Elementen, den Ahnen, den Geistwesen und der Natur selbst. Es ist ein heiliger Dialog, in dem Sie

Ihre Absichten und Bitten äußern und auf die Antworten und Einladungen der unsichtbaren Welt lauschen.

Tipp:
Beginnen Sie, Ihre eigenen Zeremonien zu kreieren. Lassen Sie sich von der Tradition inspirieren, aber fühlen Sie sich nicht an starre Formeln gebunden. Hören Sie auf Ihre innere Stimme, Ihre Intuition und Ihre Kreativität. Vielleicht fühlen Sie sich gerufen, ein bestimmtes Element oder Symbol in Ihre Zeremonien einzubringen, eine bestimmte Richtung zu ehren, eine besondere Räucherung zu verwenden, ein spezielles Lied zu singen oder ein Gedicht zu rezitieren. Seien Sie offen für diese Eingebungen. Sie sind Zeichen dafür, dass Sie sich immer tiefer mit der Zeremonie verbinden.

Nehmen Sie sich Zeit, um nach jeder Zeremonie zu reflektieren. Wie haben Sie sich gefühlt? Was haben Sie wahrgenommen? Gab es besondere Momente, Bilder oder Einsichten? Schreiben Sie Ihre Erfahrungen auf, um Ihre Verbindung und Ihr Verständnis zu vertiefen.

Ehren Sie die Beziehung, die Sie mit den Zeremonien eingehen, wie eine Freundschaft. Geben Sie ihr Raum zum Wachsen und Entfalten. Lassen Sie sie sich mit der Zeit entwickeln und reifen. Jede Zeremonie, die Sie durchführen, jede Erfahrung, die Sie machen, jede Einsicht, die Sie gewinnen, ist ein Schritt auf dieser Reise.

Mit der Zeit werden Sie feststellen, dass Ihre Zeremonien nicht nur äußere Rituale sind, sondern Ausdruck und Spiegel Ihrer inneren Veränderungen und Ihres spirituellen Wachstums. Sie werden bemerken, dass Sie immer mehr in Einklang mit den Kräften und Rhythmen des Lebens kommen und dass Ihre Zeremonien zu lebendigen, kraftvollen und transformierenden Erfahrungen werden. Sie sind der Architekt Ihrer eigenen spirituellen Reise – lassen Sie Ihre Zeremonien zu den Säulen werden, die diesen Weg stützen und beleuchten.

Aufbau und Durchführung von schamanischen Zeremonien

Die Ausgestaltung einer schamanischen Zeremonie, verankert in der nordischen Tradition, ist ein sakraler Pfad, der sowohl tiefgreifende Vorbereitung als auch eine achtsame Umsetzung einfordert. Der Akt der Zeremoniegestaltung gleicht dem Durchschreiten eines alten Waldes, dessen Wurzeln tief in die Erdmutter reichen und dessen Kronen das Gewölbe des Himmels berühren. Jeder Tritt auf diesem Pfad, jedes Flüstern des Windes, jede Berührung des Erdbodens ist von unaussprechlicher Bedeutung und trägt die Essenz des Heiligen in sich.

Wenn Sie sich auf diese Reise begeben, begegnen Sie Schritt für Schritt den Riten und Symbolen, die den heiligen Raum entstehen lassen. Sie öffnen das Tor zu den uralten Kräften und Wesenheiten, den Göttern und Göttinnen, den Ahnen und Geistwesen des Nordens, die sich hinter dem Schleier der sichtbaren Welt verbergen. Sie laden sie ein, Ihre Zeremonie zu segnen, zu leiten und zu stärken und Sie auf Ihrem schamanischen Pfad zu begleiten.

Dabei geht es nicht nur um das Ausführen von Ritualen oder das Sprechen von Worten. Es geht darum, ein tiefes Gefühl von Verbindung und Ehrfurcht zu kultivieren, eine Resonanz mit den heiligen Kräften und Wesenheiten, die Sie einladen. Es geht darum, sich selbst als Teil des großen Netzes des Lebens zu erkennen, das alle Wesen verbindet und durch das die Macht der Zeremonie fließt.

Jeder Schritt, den Sie auf diesem Pfad gehen, jedes Ritual, das Sie durchführen, jede Absicht, die Sie setzen, ist ein Ausdruck Ihrer tiefsten Wahrheit und dient dazu, die Verbindung zwischen Ihnen und den heiligen Kräften und Wesenheiten zu stärken. Es ist eine Reise der Transformation, der Heilung und der Selbstentdeckung, die tief in das Herz des nordischen Schamanismus führt.

Aufbau einer schamanischen Zeremonie:

- Die Vorbereitung auf die Zeremonie beginnt mit einer Klärung Ihrer Absicht. Was möchten Sie erreichen, heilen, transformieren oder ehren? Ihre Absicht ist der Leitstern, der den Verlauf der Zeremonie lenkt. Schreiben Sie diese Absicht auf und halten Sie sie während der gesamten Zeremonie präsent.
- Wählen Sie einen Ort für die Zeremonie, der Sie unterstützt und inspiriert. Es könnte ein Platz in der Natur sein, ein Raum in Ihrem Zuhause oder ein spezieller Altar. Bereiten Sie den Ort vor, indem Sie ihn reinigen, entweder physisch oder energetisch mit Räucherwerk, und schaffen Sie eine Atmosphäre, die Ihrer Absicht entspricht, vielleicht mit Kerzen, Symbolen, Bildern oder heiligen Objekten.
- Ziehen Sie dann den Kreis. Das Ziehen eines Kreises ist ein uraltes Ritual, das in vielen spirituellen Traditionen zu finden ist, um einen heiligen Raum zu schaffen und zu schützen. Sie können den Kreis physisch mit Steinen, Zweigen oder anderen Materialien markieren oder Sie können ihn energetisch ziehen, indem Sie sich vorstellen, wie Sie mit Ihrer Hand oder einem Stab einen leuchtenden Kreis um den Zeremonienplatz ziehen. Während Sie den Kreis ziehen, laden Sie die Elemente, die Ahnen und die Geistwesen ein, Sie zu begleiten und zu unterstützen.

- Wenn der Kreis gezogen ist, beginnen Sie mit der eigentlichen Zeremonie. Jede Zeremonie ist einzigartig und wird von Ihrer Absicht, Intuition und Kreativität geformt. Sie könnte das Rezitieren von Gebeten oder Invokationen, das Singen von Liedern, das Spielen von Instrumenten, das Durchführen von symbolischen Handlungen, das Opfern von Gaben oder das Empfangen von Visionen und Botschaften umfassen.
- Am Ende der Zeremonie danken Sie den Elementen, den Ahnen und den Geistwesen, lösen den Kreis auf und kehren in die normale Wirklichkeit zurück. Nehmen Sie sich Zeit, um die Erfahrungen und Einsichten der Zeremonie zu integrieren und zu reflektieren.

Hinweis:
Dies ist nur ein allgemeiner Leitfaden. Die Gestaltung einer schamanischen Zeremonie ist ein kreativer und persönlicher Prozess, der sich nach Ihrer Intuition, Ihren Bedürfnissen und Ihrem spirituellen Weg richtet. Zögern Sie nicht, Ihren eigenen Stil und Ihre eigene Sprache zu entwickeln und Ihren Zeremonien Ihre persönliche Note zu geben.

Ritualelemente und ihre symbolische Bedeutung

Im mystischen Tanz des nordischen Schamanismus haben die Elemente von Ritualen tiefe symbolische Bedeutungen, sie sind wie Sternenlichter auf dem Pfad, die die Tiefe des Ritus beleuchten und zu verständlicher Form bringen.

Die vier Himmelsrichtungen

Osten, Süden, Westen und Norden repräsentieren die vier Elemente: Luft, Feuer, Wasser und Erde. Sie symbolisieren auch verschiedene Stadien des Lebens und verschiedene Qualitäten des menschlichen Bewusstseins. Der Osten steht für den Neubeginn, den Anbruch des Tages, das Wachstum und die Jugend. Der Süden repräsentiert das volle Leben, die Kraft der Sonne, die Leidenschaft und das Feuer. Der Westen repräsentiert die Reife, das Loslassen, die Heilung und das Wasser. Der Norden steht für die Weisheit der Ältesten, den Tod als Übergang und Neubeginn und die Stabilität der Erde.

Rauch

Das Rauchritual ist ein wesentliches Element vieler nordischer Rituale. Es repräsentiert die Reinigung, die Transformation und den Übergang von einem Zustand in einen anderen. Durch den Rauch von heiligen Kräutern oder Harzen, wie Salbei oder Weihrauch, wird der Raum energetisch gereinigt und für die Zeremonie vorbereitet.

Runen

Sie sind mächtige Symbole in der nordischen Tradition. Sie repräsentieren die Grundkräfte des Universums und werden oft in Zeremonien verwendet, um Energie zu lenken, Intentionen zu verstärken oder Botschaften von den Göttern zu erhalten.

Altäre

Altäre dienen als Brücken zwischen den Welten. Sie sind Orte, an denen die Energien der Götter, der Ahnen und der Naturgeister eingeladen werden, um an der Zeremonie teilzunehmen. Ein Altar kann Objekte enthalten, die den Göttern oder den Naturkräften gewidmet sind, wie Kerzen, Kristalle, Federn, Steine, Bilder oder Statuen.

Opfergaben

Opfergaben sind Ausdruck von Dankbarkeit und Respekt gegenüber den geistigen Kräften und Wesenheiten. Es kann sich dabei um Nahrung, Getränke, Blumen, Räucherwerk oder persönliche Gegenstände handeln, die in einer respektvollen Weise dargeboten werden.

Diese Elemente und viele mehr bilden zusammen das Gewebe des Ritus, sie sind wie die Fäden, die das Muster des heiligen Webstuhls des nordischen

Schamanismus formen. Durch ihre symbolische Bedeutung und ihre konkrete Anwendung in der Zeremonie ermöglichen sie Ihnen eine tiefere Verbindung mit den Energien und Wesenheiten, mit denen Sie in Resonanz treten möchten, und unterstützen Ihre Reise der Transformation und Heilung.

Beispiele für Zeremonien

Im nordischen Schamanismus gibt es zahlreiche Zeremonien, jede mit ihrer eigenen, tiefen Bedeutung und ihrem eigenen Rhythmus. Hier sind einige Beispiele, um Ihre Reise zu beleuchten:

- Das Einweihungsritual

Dies ist eine mächtige Zeremonie, die das Eintreten in den Pfad des Schamanen markiert. Es ist eine Reise der Selbstentdeckung und Transformation, die oft mit einer Visionssuche verbunden ist. Dabei wird der Einweihungssuchende durch verschiedene Prüfungen und Initiationen geführt, um seine inneren Dämonen zu konfrontieren, seine Ängste zu überwinden und seine spirituellen Gaben zu entdecken. In der nordischen Tradition kann das Einweihungsritual beispielsweise das Tragen von und Meditieren mit bestimmten Runen einschließen, die Einführung in die Geschichten und Weisheiten der nordischen Götter und Göttinnen oder das Durchlaufen von körperlichen und spirituellen Prüfungen in der Natur.

- Das Heilungsritual

Heilungsrituale sind im nordischen Schamanismus von großer Bedeutung. Sie können auf vielen Ebenen stattfinden – körperlich, emotional, mental und spirituell – und verschiedene Techniken umfassen, wie das Lösen von Energieblockaden, das Arbeiten mit Heilsteinen oder Kräutern, das Durchführen von Reinigungsritualen oder das Herstellen von Verbindungen mit Heilungsgeistern oder Göttern. Ein Beispiel für ein nordisches Heilungsritual könnte das Arbeiten mit der Rune Ehwaz sein, die für Heilung und Transformation steht, und das Durchführen von Gebeten oder Segnungen, um Heilungsenergie anzuziehen.

- Das Seiðr-Ritual

Das Seiðr ist ein altes nordisches Ritual der Ekstase und Prophezeiung, das häufig mit der Göttin Freyja in Verbindung gebracht wird. Die Praktizierenden des Seiðr, oft Frauen, treten in einen tranceartigen Zustand ein, um in die anderen Welten zu reisen, Botschaften von den Göttern und Geistern zu empfangen, das Schicksal zu weben oder zu verändern und Heilungs- und Schutzzauber zu wirken. Ein Seiðr-Ritual kann beispielsweise das Singen von heiligen Liedern oder Galdr, das rhythmische Schlagen einer Trommel oder das Schütteln eines Stabes, das Rezitieren von Runenversen und das Durchführen von orakelhaften Lesungen beinhalten. Es ist eine tiefgehende Praxis der Ekstase und des Geistesfluges, die eine tiefe Verbindung mit der spirituellen Welt und eine intensive innere Transformation erfordert.

Diese Zeremonien sind nur ein kleiner Einblick in die Vielfalt und Tiefe des nordischen schamanischen Weges. Sie sind jedoch mächtige Werkzeuge zur Transformation, Heilung und Verbindung mit der spirituellen Welt. Lassen Sie sich inspirieren und fühlen Sie sich eingeladen, diese Zeremonien in Ihre persönliche Praxis zu integrieren oder sie nach Ihren eigenen Bedürfnissen und Intuitionen anzupassen. Denn der Pfad des Schamanen ist ein individueller Pfad, der von der eigenen inneren Weisheit und der einzigartigen Verbindung zu den geistigen Welten geleitet wird.

Jahreskreisfeste und ihre Bedeutung im nordischen Schamanismus

Im Herzen des nordischen Schamanismus stehen Sie im Einklang mit den zyklischen Bewegungen der Natur – dem Wechsel der Jahreszeiten, dem Auf- und Untergehen der Sonne, dem Lauf des Mondes am Himmel. Sie nehmen teil an diesen rhythmischen Mustern, die Ausdruck des lebendigen Atems der Welt sind. In jedem Moment fließt diese Energie durch Sie hindurch und verbindet Sie mit der Ganzheit des Seins.

Im Laufe des Jahres spiegeln sich diese zyklischen Veränderungen in den Jahreskreisfesten wider. Sie sind eine Einladung für Sie, Schlüsselmomente im Zyklus der Erde zu feiern. Sie helfen Ihnen, eine tiefere Verbindung zu den Kräften der Natur und den Mysterien des Lebens herzustellen. Begehen Sie diese Feste, um Ihren Platz im Rhythmus des Kosmos zu erkennen und die wechselnden Energien der Jahreszeiten in Ihrem eigenen Leben zu würdigen und zu integrieren.

In der nordischen Tradition gibt es eine Reihe von Jahreskreisfesten, von denen jedes seine einzigartige Energie und symbolische Bedeutung hat:

• Yule (Wintersonnenwende)

Dieses Fest, das um den 21. Dezember herum gefeiert wird, markiert die dunkelste Nacht des Jahres und den Beginn der Rückkehr des Lichts. Es ist eine Zeit des Innehaltens und der Reflexion, des Dankes für die Geschenke des abgelaufenen Jahres und der Vorbereitung auf das kommende. Bei der Yule-Feier kann ein Feuer entzündet werden, um die Rückkehr der Sonne zu symbolisieren, und Geschenke können ausgetauscht werden, um die Fülle und Großzügigkeit des Lebens zu feiern.

• Ostara (Frühlingstagundnachtgleiche)

Um den 21. März herum gefeiert, symbolisiert Ostara das Gleichgewicht von Licht und Dunkelheit und die Rückkehr des Lebens nach dem Winterschlaf. Es ist eine Zeit der Erneuerung und des Neubeginns, in der die Samen für das kommende Jahr gesät werden. Ostara kann mit Ritualen gefeiert werden, die das Wachstum fördern, wie das Pflanzen von Samen oder das Durchführen von Reinigungsritualen.

- Midsummer (Sommersonnenwende)

Gefeiert um den 21. Juni herum, ist Midsummer der Höhepunkt des Lichts, wenn die Tage am längsten sind. Es ist eine Zeit der Fülle und Freude, des Feierns des Lebens in seiner vollen Blüte. Bei der Midsummer-Feier kann ein großes Feuer entzündet werden, um die Kraft der Sonne zu ehren, und es können Feste mit Tanz, Musik und Gelächter abgehalten werden.

Ideen für die Gestaltung eigener Feste

In dem Feiern der Jahreskreisfeste liegt eine kraftvolle Gelegenheit, sich im heiligen Rhythmus des Lebens zu verankern und die eigene Verbindung zur Erde sowie den sich ständig wandelnden Kräften der Natur zu vertiefen. Jedes Fest, jede Zeremonie ist wie eine Landmarke auf der immer weiter fließenden Reise des Lebens und bietet Ihnen einen Ankerpunkt im Strom der Zeit.

Bei der Gestaltung Ihrer eigenen Rituale und Zeremonien zur Feier dieser Schlüsselmomente im Jahreszyklus ermutige ich Sie, Ihre Intuition und Kreativität als Wegweiser zu verwenden. Lassen Sie sich nicht durch strikte Regeln oder Vorgaben einschränken. Sie sind der Gestalter Ihrer eigenen spirituellen Praxis und haben die Freiheit, Elemente zu wählen und zu verwenden, die für Sie eine persönliche Resonanz und Bedeutung haben.

Beispielsweise könnten Sie bei der Feier von Yule, dem Fest der Wintersonnenwende, eine Kerze entzünden und in den flackernden Flammen das Versprechen der wiedergeborenen Sonne sehen. Vielleicht möchten Sie auch einen Moment der Stille und Reflexion einlegen, um das vergangene Jahr zu würdigen und Ihre Absichten für das kommende Jahr zu setzen.

Zur Frühlingstagundnachtgleiche, bekannt als Ostara, könnten Sie den Frühling in Ihr Heim einladen, indem Sie Blumensträuße arrangieren, Samen in Töpfen säen oder einfach einen Spaziergang im Freien machen, um die erwachende Natur zu begrüßen.

Zur Sommersonnenwende, oder Midsummer, könnten Sie ein Lagerfeuer entzünden und um das Feuer tanzen, um die Freude und Fülle dieser Jahreszeit zu feiern. Oder vielleicht möchten Sie eine meditative Sonnenaufgangswanderung unternehmen, um die Kraft der längsten Tage des Jahres voll und ganz zu erleben.

Jede dieser Aktionen, so klein oder groß sie auch sein mag, dient als ein Akt des Ehrerbietens, des Gedenkens und der Verbindung mit den natürlichen Zyklen, die uns umgeben und durchdringen. In jedem Moment, in dem Sie sich bewusst diesen zyklischen Mustern widmen, treten Sie in einen heiligen Dialog mit dem Leben selbst ein.

Mit jeder Zeremonie, die Sie kreieren und ausführen, weben Sie Ihren eigenen Faden in das große Netz des Lebens, das uns alle verbindet. Sie entdecken die Macht und Schönheit dieser alten Praktiken auf eigene, einzigartige

Weise und verstärken Ihre Verbindung mit den tiefen Wurzeln und weiten Horizonten Ihrer nordischen spirituellen Praxis. Vertrauen Sie auf Ihre Intuition, folgen Sie Ihrem Herzen und Sie werden auf Ihrem Weg geleitet werden.

Einbindung von Musik, Tanz und Gesang in Zeremonien

Musik, Tanz und Gesang sind uralte Ausdrucksformen der menschlichen Kultur und Spiritualität, die tief mit der schamanischen Praxis verflochten sind. Im nordischen Schamanismus werden diese Elemente eingesetzt, um den Geist zu erheben, das Herz zu öffnen und die energetische Verbindung zwischen Ihnen und den spirituellen Welten zu stärken.

Die Musik in ihrer vielfältigen Gestalt – ob es der kraftvolle Klang einer Trommel, das sanfte Zittern einer Schelle oder das tiefe Brummen eines Runengesangs ist – wirkt als Brücke zwischen den Welten. Sie trägt die Fähigkeit, Sie in veränderte Bewusstseinszustände zu führen und den Fluss der Energie in und um Sie herum zu modulieren.

Die Trommel, auch als das Pferd des Schamanen bekannt, wird oft in Zeremonien und seherischen Reisen verwendet. Ihr gleichmäßiger, pulsierender Rhythmus wirkt wie eine schwingende Schnur, an der der schamanische Reisende in die anderen Welten klettern kann. Um die Trommel in Ihrer eigenen Praxis zu verwenden, beginnen Sie mit einem langsamen, stetigen Rhythmus und lassen Sie sich von Ihrer Intuition leiten.

Tanz und körperliche Bewegung helfen dabei, die Energie zu erden und zu lenken. Beim Tanz können Sie sich vorstellen, wie Sie die Energien der Erde und des Himmels aufnehmen, um sie in Ihrem Herzen zu vermischen. Probieren Sie verschiedene Bewegungen aus, lassen Sie sich von der Musik führen und seien Sie bereit, sich hinzugeben und sich vom Rhythmus tragen zu lassen.

Der Gesang, insbesondere das Singen von Runen, ist eine weitere starke Praxis im nordischen Schamanismus. Jede Rune hat ihren eigenen Klang, ihre eigene Melodie, die Sie in Ihre Zeremonien einweben können. Sie könnten mit einfachen Runenliedern beginnen und sich mit der Zeit weiterentwickeln, um Ihre eigenen Melodien und Gesänge zu kreieren.

In der Praxis ist es wichtig, offen und experimentierfreudig zu sein. Finden Sie heraus, was für Sie funktioniert und was Sie mit Ihrer Intuition und Ihrem Herzen verbindet. Die nordische spirituelle Praxis ermutigt zur individuellen Kreativität, also zögern Sie nicht, Ihre eigenen musikalischen und kreativen Ausdrucksformen in Ihre Zeremonien einzubringen. Vielleicht möchten Sie ein eigenes Lied komponieren, ein besonderes Tanzritual entwickeln oder ein einzigartiges Instrument in Ihre Praxis aufnehmen. Solange es von Herzen kommt und Respekt vor den spirituellen Kräften zeigt, mit denen Sie arbeiten, wird es zu einer Bereicherung Ihrer schamanischen Reise.

Integration von Zeremonien in den eigenen spirituellen Weg

Die regelmäßige Durchführung von Zeremonien spielt eine zentrale Rolle für Ihre persönliche spirituelle Entwicklung im nordischen Schamanismus. Sie dient nicht nur dazu, Ihre Verbindung zur geistigen Welt zu stärken und zu vertiefen, sondern sie ermöglicht auch die kontinuierliche Ausrichtung auf Ihren inneren Kompass. Jede Zeremonie ist eine Gelegenheit, innezuhalten, sich zu zentrieren, zu reflektieren und sich bewusst zu entscheiden, auf welchem Pfad Sie weitergehen möchten.

Die **Integration von Zeremonien in Ihren Alltag** kann eine starke Praxis sein, um Ihr Bewusstsein zu erweitern, Ihre Wahrnehmung zu schärfen und Ihre Beziehung zur Welt um Sie herum zu vertiefen. Hier sind einige Schritte, die Ihnen dabei helfen können:

- Beginnen Sie damit, einen regelmäßigen Rhythmus für Ihre Zeremonien zu finden. Das könnte einmal im Monat, einmal pro Woche oder sogar täglich sein. Entscheiden Sie sich für einen Rhythmus, der für Sie machbar und sinnvoll ist.
- Finden Sie einen Platz in Ihrem Zuhause, wo Sie ungestört sind und Ihre Zeremonie durchführen können. Dies könnte ein kleiner Altar sein, ein besonderer Stuhl oder eine Ecke Ihres Zimmers. Machen Sie diesen Ort zu einem heiligen Raum, indem Sie ihn mit Gegenständen schmücken, die für Sie spirituelle Bedeutung haben.
- Überlegen Sie sich im Voraus, welche Elemente Sie in Ihrer Zeremonie einbeziehen möchten. Dies könnten Gebete, Gesänge, Trommeln, Tanz, Opfergaben oder andere rituelle Handlungen sein. Bereiten Sie alles, was Sie brauchen, im Voraus vor.
- Führen Sie Ihre Zeremonie in einer ruhigen, achtsamen und respektvollen Weise durch. Denken Sie daran, dass es nicht darum geht, etwas perfekt zu machen, sondern darum, mit Herz und Seele dabei zu sein.
- Nehmen Sie sich nach der Zeremonie Zeit, um das Erlebte zu reflektieren und zu integrieren. Sie könnten darüber schreiben oder malen, einen Spaziergang machen oder einfach still sitzen und nachspüren.

Schließlich liegt die größte Stärke in der Kraft Ihrer Individualität. Die Zeremonien, die Sie für sich selbst gestalten, sind Ausdruck Ihrer persönlichen Reise, Ihres Wachstums und Ihrer Transformation. Dies ist die Essenz des Schamanismus – die Entdeckung und Ehre Ihres wahren, authentischen Selbst.

Die nordische Tradition bietet eine Fülle von Inspiration und Weisheit, doch es ist Ihr innerer Kompass, der Sie letztendlich auf Ihrem Weg führt. Seien Sie also mutig, kreativ und authentisch in der Gestaltung Ihrer Zeremonien. Integrieren Sie Elemente, die Ihnen persönlich bedeutsam sind, und passen Sie Rituale so an, dass sie Ihr innerstes Selbst widerspiegeln.

Nutzen Sie die Magie der Symbole, Farben, Klänge und Bewegungen, die zu Ihnen sprechen. Vielleicht finden Sie Trost im Flüstern des Windes, Kraft in der Flamme einer Kerze oder Führung im Lauf eines Flusses. Erschaffen Sie Zeremonien, die diese Aspekte in den Mittelpunkt stellen, die Sie mit dem Kosmos und Ihrer eigenen Seele verbinden.

Das Kreieren eigener Zeremonien kann ein tiefgreifender und heiliger Akt der Selbstliebe und Selbstbestimmung sein. Er ermöglicht Ihnen, Ihren eigenen, einzigartigen spirituellen Pfad zu erkunden und zu definieren. Erinnern Sie sich daran, dass Sie der Hauptakteur in diesem wundervollen Drama des Lebens sind. Mit jeder Zeremonie, die Sie kreieren, feiern Sie Ihr Dasein, Ihre Geschichte und Ihre Reise.

Das nordische Schamanentum ist keine starre Struktur, sondern ein flexibler Pfad, der Sie einlädt, Ihre eigene Spiritualität zu entdecken, zu erforschen und zu feiern. Treten Sie mutig auf diesen Pfad, vertrauen Sie auf Ihre innere Weisheit und lassen Sie Ihre Zeremonien Ausdruck Ihrer eigenen, einzigartigen Schönheit sein.

Gedichte im nordischen Schamanismus

In der nordischen Tradition, wo das mündliche Wort eine besonders hohe Bedeutung besaß, sind Gedichte ein zentrales Instrument zur Weitergabe von Wissen und spirituellen Erfahrungen. Sie sind die Farben auf der Palette des Schamanen, die Worte sind Pinselstriche, die Landschaften der Innerlichkeit und des Geheimen malen. Diese magische Kunstform bietet eine tiefe, nuancierte Sprache, die den Raum zwischen den Welten überbrücken und die Stimme der Seele zum Ausdruck bringen kann.

Gedichte sind mehr als nur Worte auf Papier. Sie sind Gefäß und Übermittler für tiefe emotionale und spirituelle Erfahrungen, sie können Rituale einleiten, unterstützen oder abschließen, sie sind Schlüssel zu verborgenen Türen des Bewusstseins. In ihrer lyrischen Form bündeln sie Gefühle, Gedanken und spirituelle Erkenntnisse auf eine Weise, die auf direktem Wege zum Herzen führt.

So wie das Runensystem der nordischen Tradition mehr als nur ein Alphabet ist und sowohl als Kommunikationsmittel als auch als Orakelsystem genutzt wird, so sind auch Gedichte multifunktional. Sie können rituell rezitiert, meditiert, zum Lernen und Lehren genutzt oder als inspirierende Botschaften in den Alltag integriert werden.

Die Begegnung mit der Poesie im nordischen Schamanismus ist eine Einladung, Ihre eigene kreative Kraft zu entdecken und zu entfalten. Es erfordert Mut und Offenheit, sich dem Unbekannten hinzugeben und dem Flüstern der eigenen Seele zu lauschen. Aber diese Reise lohnt sich, denn sie führt zu tiefer Selbsterkenntnis und schafft neue Wege der Kommunikation mit der spirituellen Welt.

In diesem Kapitel werden Sie die faszinierende Welt der nordischen Gedichte und ihre Rolle im Schamanismus kennenlernen. Sie werden traditionelle nordische Gedichte und ihre Bedeutung erforschen und lernen, wie Sie Ihre eigenen Gedichte als Ausdruck Ihrer inneren Erfahrungen und spirituellen Erkenntnisse verfassen können. Dieser Weg führt Sie tiefer in das Herz des nordischen Schamanismus und öffnet neue Wege der Selbstentdeckung und spirituellen Praxis. Begeben Sie sich auf diese poetische Reise und lassen Sie sich von der Kraft der Worte und der Magie der Poesie inspirieren.

Die Rolle von Gedichten im Schamanismus

Gedichte, in ihren unendlichen Formen und Varianten, sind seit langem eine zentrale Ausdrucksform im nordischen Schamanismus. Sie haben die Kraft, die menschliche Erfahrung auf eine Art und Weise einzufangen und wiederzugeben, die jenseits von rationaler Analyse oder wissenschaftlicher Erklärung liegt. Die Poesie kann das Unaussprechliche aussprechen und das

Unsichtbare sichtbar machen, indem sie Metaphern, Symbole und kraftvolle Bilder verwendet, um Gefühle, Gedanken und spirituelle Erkenntnisse auszudrücken.

Im nordischen Schamanismus ist die Poesie weit mehr als nur ästhetischer Ausdruck; sie ist ein rituelles Werkzeug und ein Kanal für spirituelle Botschaften. Sie kann als Gebet, als Segen, als Beschwörung oder als Orakel fungieren, je nach Kontext und Absicht. Das Rezitieren eines Gedichts kann die Energie eines Rituals lenken, eine Verbindung mit spirituellen Wesenheiten herstellen oder den Prozess der inneren Transformation unterstützen. Es gibt Gedichte, die speziell zur Heilung, zum Schutz, zur Ehre der Götter oder zur Kommunikation mit den Ahnen und Geistführern verfasst wurden.

Die Worte eines Gedichts sind wie Samen, die in die Tiefe des Unterbewusstseins gesät werden, wo sie Wurzeln schlagen und aufblühen können. Sie können dazu beitragen, den Geisteszustand zu verändern und die Tür zu inneren Welten zu öffnen. Der Rhythmus, die Klangfarbe, die Bilder und Metaphern eines Gedichts können das Bewusstsein in andere Zustände versetzen und die Verbindung zur spirituellen Dimension stärken.

Es gibt eine große Vielfalt an schamanischen Gedichten, von kurzen Sprüchen und Segenswünschen bis hin zu langen epischen Erzählungen und Eddaliedern. Jedes Gedicht hat seine eigene Energie und sein eigenes Potential und kann auf vielfältige Weise genutzt werden.

Doch die Poesie ist nicht nur etwas, das Sie empfangen und nutzen können. Sie ist auch eine Kunstform, die Sie selbst erschaffen können. Sie haben die Möglichkeit, Ihre eigenen Gedichte zu verfassen und damit Ihre eigenen Rituale, Gebete und Botschaften zu gestalten. Sie können Ihre Gedichte nutzen, um Ihre persönlichen Erfahrungen, Erkenntnisse und spirituellen Wahrheiten auszudrücken und zu teilen.

Möglicherweise entdecken Sie dabei eine neue Seite an sich selbst und eine neue Art der Verbindung mit der spirituellen Welt. Sie können Ihre innere Stimme, Ihre innere Weisheit und Ihre innere Poesie entdecken und zum Ausdruck bringen. Dieser kreative Prozess kann eine tiefgreifende Quelle der Selbsterkenntnis und der spirituellen Entwicklung sein.

Stellen Sie sich auf dieses Abenteuer ein und erkunden Sie die Welt der Poesie. Ein erfahrener Dichter oder Schriftsteller müssen Sie dazu nicht sein. Was zählt, sind Offenheit, Neugier und der Mut, Ihre innere Stimme zum Ausdruck zu bringen. Lassen Sie sich von der Magie der Worte und der Poesie berühren und inspirieren. Entdecken Sie Ihren eigenen poetischen Ausdruck und lassen Sie Ihre Worte fließen. Sie werden überrascht sein, wie viel Kraft und Tiefe in Ihnen schlummern und darauf warten, durch die Poesie zum Ausdruck gebracht zu werden.

Traditionelle nordische Gedichte und ihre Bedeutung

Die nordische Dichtkunst, die einen bedeutsamen Platz im Herzen des nordischen Schamanismus einnimmt, erstreckt sich über ein weites Feld ausdrucksstarker Kunstformen. Sie reicht von kurzen, pointierten Segenssprüchen und machtvollen Beschwörungen, die in entscheidenden Augenblicken eines Rituals zur Anwendung kommen, bis hin zu ausladenden epischen Geschichten, die wesentliche Legenden und Lehren der nordischen Mythologie transportieren. Jedes Gedicht birgt seinen einzigartigen Zweck und bringt eine besondere Energie in den schamanischen Prozess ein.

Unter den bekanntesten Werken der nordischen Dichtkunst sind zweifelsohne die Eddalieder zu finden. Diese stellen eine tragende Säule in der Überlieferung und Praxis des nordischen Schamanismus dar. Ihre Inhalte offenbaren einen Reichtum an Geschichten, Bildern und Konzepten, die in die Tiefe des nordischen spirituellen Verständnisses vordringen.

„Hávamál", das Lied des Hohen, stellt ein Paradebeispiel dar. Dieses umfangreiche Eddalied enthält Weisheiten des Gottes Odin, dem Gott der Poesie und Ekstase, aber auch des Krieges und der Weisheit. Die Verse leiten zur Selbstkontrolle, zur Generosität und zur Weisheit im Umgang mit anderen. Sie enthalten wertvolle Ratschläge für das tägliche Leben und geben tiefe Einblicke in die damalige nordische Kultur und Spiritualität.

„Völuspá", das Lied der Seherin, ist ein weiteres bedeutendes Werk. Es enthält Prophezeiungen über die Schöpfung der Welt und das Ende der Zeiten (Ragnarök). Die Verse dieses Epos tragen eine dunkle, doch kraftvolle Botschaft, die die Vergänglichkeit und den ewigen Zyklus von Zerstörung und Erneuerung thematisiert.

Das *„Skírnismál"*, das Lied von Skirnir, erzählt von der Liebe zwischen dem Gott Freyr und der Riesin Gerðr. Es symbolisiert das Streben nach Harmonie und Vereinigung, trotz aller Hindernisse und Gegensätze, eine Lektion, die auch heute noch auf persönliche und spirituelle Wege angewendet werden kann.

Die Macht der Dichtkunst zeigt sich jedoch nicht nur in diesen epischen Werken. Kurze Sprüche, Segenswünsche oder Zaubersprüche (Galdrar) können ebenso kraftvoll sein. Sie repräsentieren spezifische Absichten und Kräfte und sind oft dazu gedacht, in bestimmten Kontexten rezitiert zu werden, um spezielle Energien anzuziehen oder zu manifestieren.

Das isländische *„Vegvísir"*, ein magisches Wegweiser-Zeichen, oft begleitet von einem Vers, ist ein solches Beispiel. Es soll den Nutzer auf seinem Pfad leiten, selbst wenn dieser unbekannt ist. Die tiefe symbolische Bedeutung hinter diesem Spruch zeigt, wie Poesie und Symbolik im nordischen Schamanismus miteinander verwoben sind.

Ob groß oder klein, jedes dieser Gedichte und Lieder birgt eine spezifische Energie und symbolische Bedeutung. Sie sind Wege zur spirituellen Kommunikation und können auf vielfältige Weise genutzt werden, um die Verbindung zur spirituellen Dimension zu stärken und zu vertiefen. Das Studieren dieser Texte, das Erforschen ihrer Bedeutung und das Einbinden ihres Reichtums in Ihre schamanische Praxis kann zu einer tiefgründigen, persönlichen Erfahrung führen.

Interpretationsansätze nordischer Gedichte

Die Entschlüsselung nordischer Gedichte verlangt weitaus mehr als bloße Wortkenntnisse. Vielmehr bedarf es des Eintauchens in die opulente und komplexe Welt der nordischen Mythologie, welche die Grundlage der Dichtkunst bildet. Auf diese Weise können die tiefergehende symbolische Bedeutung und die spirituellen Botschaften, die in den Versen verborgen liegen, wirklich erfasst werden.

So mag „Hávamál“, das Lied des Hohen, bei einer oberflächlichen Lesung als Ansammlung von Ratschlägen und Weisheiten erscheinen. Doch bei einer tieferen Auseinandersetzung mit der Mythologie wird deutlich, dass es sich hierbei um die Worte des Gottes Odin handelt, der sich selbst als Quelle von Weisheit und Führung präsentiert. Somit wird nicht nur ein Blick in die antike nordische Weltanschauung gewährt, sondern ebenso in die spirituelle Dimension, in welcher Weisheit und Selbstkenntnis als höchste Werte gepriesen werden.

Auch „Völuspá“, das Lied der Seherin, mag auf den ersten Blick als düstere Prophezeiung des Weltuntergangs wirken. Doch durch das Betrachten der in der nordischen Mythologie verwurzelten Metaphern und Bilder wird eine tiefere Botschaft offenbart – jene des Kreislaufs von Zerstörung und Wiedergeburt, Tod und Wiedergeburt. Es unterrichtet, dass nichts ewig besteht, dass alles dem steten Fluss des Wandels unterliegt – eine Erkenntnis, die auf physischer wie auch auf spiritueller Ebene Anwendung findet.

Daher soll die Aufforderung ergehen, traditionelle nordische Gedichte zu studieren und ihre spirituelle Tiefe zu erforschen. Jedes Gedicht, jede Strophe, jeder Vers stellt ein Tor zu einer tiefgründigen spirituellen Wahrheit dar. Durch das Eintauchen in die Worte, das Auf-sich-wirken-Lassen der Bilder und Metaphern und das Suchen nach den versteckten Botschaften können tief berührende Erkenntnisse gewonnen werden.

Zu bedenken gilt, dass es bei der Interpretation von Gedichten kein Richtig oder Falsch gibt. Was zählt, ist die persönliche Verbindung zu den Worten und die Bedeutung, die diese für den Einzelnen haben. Die Dichtkunst der alten nordischen Schamanen kann als Inspiration dienen und es mag sich herausstellen, dass ihre Worte eine Quelle von Weisheit und Führung sind, die die spirituelle Praxis und den Lebensweg bereichern können.

Eigene Gedichte im Schamanismus verfassen

Eigene Gedichte im Schamanismus zu verfassen, ist ein kraftvoller und persönlicher Weg, um die eigene spirituelle Reise zum Ausdruck zu bringen. Der Prozess des Schreibens kann nicht nur eine Methode sein, um tiefe innere Erfahrungen zu artikulieren, sondern kann auch ein spirituelles Werkzeug sein, um neue Einsichten und Verständnisse zu erschließen.

Die Entstehung eines Gedichtes beginnt stets mit einer Inspiration, einem Gedanken oder einer Erfahrung, die Ausdruck finden möchte. Im schamanischen Kontext könnte dies eine Vision, eine Traumerfahrung, eine Begegnung mit einem Tiergeist oder eine tiefe Einsicht in die Natur der Wirklichkeit sein. Was immer es ist, es beginnt mit dem Lauschen auf die innere Stimme und dem Öffnen für das, was sich zeigen möchte.

Anleitung zu einer kreativen Schreibübung:

Um die eigene poetische Stimme zu entdecken, sind hier einige kreative Schreibübungen, die hilfreich sein könnten:

- Meditative Schreibübung

Nehmen Sie sich Zeit in einer ruhigen Umgebung, schließen Sie die Augen und konzentrieren Sie sich auf Ihren Atem. Lassen Sie den Geist zur Ruhe kommen und öffnen Sie sich für die Stille. Fragen Sie dann nach einer Botschaft oder Inspiration und beginnen Sie, zu schreiben, was immer in den Sinn kommt, ohne zu urteilen oder zu editieren. Lassen Sie die Worte einfach fließen.

- Naturbeobachtung

Verbringen Sie Zeit in der Natur und beobachten Sie ein Tier, einen Baum oder ein Element der Landschaft. Versuchen Sie, sich in das Wesen hineinzuversetzen, seine Essenz zu fühlen. Schreiben Sie dann ein Gedicht, das Ihre Beobachtungen und Empfindungen ausdrückt.

- Traumjournal

Halten Sie ein Traumjournal und schreiben Sie Ihre Träume auf, sobald Sie aufwachen. Wählen Sie dann ein Element aus einem Traum und schreiben Sie ein Gedicht darüber.

- Rituelle Schreibübung

Erstellen Sie ein kleines Ritual, um sich auf das Schreiben vorzubereiten. Dies könnte das Anzünden einer Kerze, das Räuchern mit Salbei oder das Sprechen einer Segnung sein. Bitten Sie die Geister oder Gottheiten, die Sie verehren, um Inspiration und Führung.

Denken Sie daran, dass es beim Schreiben von Gedichten weniger darum geht, „gute" Gedichte zu schreiben, und mehr darum, einen ehrlichen und authentischen Ausdruck von persönlichen Erfahrungen und spirituellen Erkenntnissen zu finden. Jedes Gedicht, das aus der Tiefe des Herzens kommt, ist ein wertvoller Beitrag zur schamanischen Praxis und ein Geschenk an die Geisterwelt.

Das Verfassen eigener Gedichte im schamanischen Kontext ist daher eine tiefgründige und transformative Praxis, die die eigene spirituelle Reise bereichern und vertiefen kann. Es ermöglicht es, sich auf eine ganz besondere Art und Weise mit der spirituellen Dimension zu verbinden und das Erlebte in Worte zu fassen. Es ist eine Einladung, die eigene Kreativität zu entdecken und sie als kraftvolles Werkzeug auf dem spirituellen Pfad zu nutzen.

Zauber im nordischen Schamanismus

Im Nebel der nordischen Geschichte, wo die Grenzen zwischen Mythos und Wirklichkeit verschwimmen, entsteht das Bild einer uralten Praxis, die tief in den schamanischen Traditionen verankert ist: das Zauberwirken. Es ist eine Praxis, die das Unbekannte und das Unsichtbare berührt und ihre Wurzeln in den natürlichen Kräften und der spirituellen Essenz des Lebens selbst hat. Jeder Zauber, jede Beschwörung, jedes Ritual, ist eine feine Webkunst, die das Gewebe des Lebens selbst berührt und formt.

Es ist eine Welt, die von Symbolen und Werkzeugen, von Gesängen und Gesten, von Geistern und Gottheiten bevölkert ist. Jeder Schritt, jedes Wort, jedes Zeichen hat seine eigene Bedeutung, seine eigene Kraft. Es ist eine Welt, in der die innere und äußere Realität auf geheimnisvolle Weise miteinander verflochten sind und in der jeder Akt des Zauberns eine bewusste Beteiligung an diesem großen kosmischen Tanz ist.

Tauchen Sie in diesem Kapitel in die Kunst des Zauberwirkens im nordischen Schamanismus ein. Sie werden die Bedeutung und Verwendung von Zaubern verstehen, die Rolle von Werkzeugen und Symbolen kennenlernen und in die Praxis des schamanischen Zauberns eintauchen. Darüber hinaus werden Sie die ethischen Grundlagen und Verantwortlichkeiten erörtern, die mit dieser mächtigen Praxis einhergehen. Es handelt sich um eine Entdeckungsreise in eine verborgene Welt, die gleichzeitig in Ihnen und um Sie herum existiert und die Sie dazu einlädt, Ihre Rolle als bewusster Mitschöpfer Ihrer Realität zu erkennen.

Zauber und ihre Bedeutung im Schamanismus

Die Welt des nordischen Schamanismus sieht den Akt des Zauberwirkens oft als eine kraftvolle Methode, um mit den subtilen Energien des Universums zu interagieren und Veränderungen herbeizuführen. Hierbei handelt es sich nicht um eine einfache Illusion oder ein Spiel mit der Realität, sondern um eine tiefe, bewusste Teilnahme an den dynamischen Prozessen des Lebens.

Im Kern sind Zauber im nordischen Schamanismus energetische Eingriffe, die auf unterschiedliche Ebenen der Realität – sowohl sichtbare als auch unsichtbare – Einfluss nehmen. Sie können als spirituelle Technik verstanden werden, die einen Zugang zu den geheimnisvollen und oft verborgenen Kräften des Universums schafft. Durch diese Praktiken wird es möglich, diese Energien zu lenken und für bestimmte Ziele einzusetzen, seien sie materiell oder spirituell.

Diese Praktiken stellen jedoch keine einseitige Manipulation dar. Im nordischen Schamanismus geht es weniger darum, externe Mächte zu beherrschen, als vielmehr darum, in eine symbiotische Beziehung zu den dynamischen Naturkräften zu treten, die das Fundament des Lebens bilden. In dieser Perspektive sind Zauber keine einfachen Instrumente der Kontrolle, sondern vielmehr Wege, um in einen harmonischen Dialog mit der lebendigen Welt um uns herum zu treten.

Ein Zauber kann gesehen werden als ein energetisches Weben, das darauf abzielt, die Balance und Harmonie in den verschiedenen Sphären des Lebens zu erhalten oder wiederherzustellen. Es ist ein kooperatives Unterfangen, das Respekt für die inhärente Weisheit der Natur und Achtung vor dem schöpferischen Potenzial, das in allen Dingen wohnt, voraussetzt. Es geht darum, mit den Lebenskräften zu arbeiten, die in allen Formen existieren – vom kleinsten Stein bis zum größten Stern – und ihre natürlichen Tendenzen zu unterstützen, um positive Veränderungen herbeizuführen.

Einerseits dienen Zauber als Werkzeuge, um die Energien und Mächte zu lenken und zu formen, die das Universum durchdringen. Sie können dazu verwendet werden, um Schutz zu gewährleisten, Heilung zu fördern, Liebe und Harmonie zu fördern oder Wissen und Weisheit zu erlangen. Sie bieten eine Sprache, ein Vokabular, um mit den Geistern, den Göttern und den Naturkräften zu kommunizieren und eine Brücke zwischen den Welten zu schlagen.

Andererseits sind Zauber Ausdruck Ihrer eigenen inneren Transformation und spirituellen Entwicklung. Sie spiegeln die innere Reise des Schamanen wider, seine Beziehung zur Natur und zu den spirituellen Realitäten, seine Fähigkeit, die Gesetze des Universums zu verstehen und mit ihnen in Resonanz zu treten.

Seien Sie sich immer der großen Verantwortung bewusst, die die Praxis des Zauberwirkens im nordischen Schamanismus mit sich bringt. Mit der Fähigkeit, Einfluss auf die Energien des Lebens zu nehmen, kommt auch eine ethische Verpflichtung, diese Kräfte weise und respektvoll zu nutzen. Zauber sind nicht dazu da, um Macht über andere zu erlangen oder um eigennützige Ziele zu erreichen. Sie sind vielmehr ein Weg, um das Gleichgewicht und die Harmonie in der Welt zu fördern und das Wohl aller Wesen zu unterstützen.

Zauberwirken erfordert ein tiefes Verständnis für die Prinzipien des Lebens, für die Wechselwirkung von Ursache und Wirkung, für die feine Balance zwischen Geben und Nehmen. Es erfordert einen respektvollen Umgang mit den Kräften der Natur, eine Bereitschaft, den eigenen Willen mit dem größeren kosmischen Willen in Einklang zu bringen, und eine Hingabe an das höchste Wohl.

Jeder Zauber ist also eine ernsthafte Handlung, eine heilige Geste, die das Gewebe des Lebens berührt und formt. Es ist eine Kunst, die sowohl Wissen als auch Weisheit, sowohl Macht als auch Demut erfordert. Und es ist eine Praxis, die, wenn sie mit Respekt und Bewusstsein ausgeübt wird, das Potenzial hat, tiefgreifende Veränderungen auf allen Ebenen der Existenz herbeizuführen.

Werkzeuge und Symbole im schamanischen Zauber

In der reichen Landschaft des nordischen Schamanismus spielen verschiedene Werkzeuge und Symbole eine entscheidende Rolle. Sie dienen als Brücke zwischen der materiellen Welt und der spirituellen Realität, als konkrete Ankerpunkte für die schamanische Energiearbeit. Zu den traditionellen schamanischen Werkzeugen und Symbolen gehören unter anderem Talismane, Runen, Sigillen und Stäbe.

Talismane

Talismane sind kraftvolle Objekte, die mit spezifischen Absichten und Energien aufgeladen sind. Sie können aus verschiedenen Materialien bestehen, wie Steinen, Metallen, Holz oder Knochen, und sie tragen oft symbolische Gravuren oder Zeichen. In der nordischen Tradition ist der Vegvísir, ein komplexes isländisches Symbol, das als ‚Wegweiser' oder ‚Richtungszeiger' verstanden wird, ein beliebtes Talismanmotiv. Talismane können dazu dienen, Schutz zu bieten, Glück anzuziehen oder die persönliche Kraft zu stärken.

Runen

Runen sind, wie Sie bereits wissen, eine weitere wichtige Kategorie von Symbolen im nordischen Schamanismus. Sie sind nicht nur ein altes Schriftsystem, sondern repräsentieren auch verschiedene kosmische Kräfte und Prinzipien. Jede Rune hat ihre eigene Bedeutung und Energie und kann in Zaubersprüchen, für Weissagungen oder für die energetische Arbeit verwendet werden.

Sigillen

Sigillen sind symbolische Zeichen, die dazu dienen, bestimmte Absichten oder Energien zu repräsentieren und zu manifestieren. Sie können auf Talismanen, in Ritualkreisen oder auf dem Körper getragen werden. Ein bekanntes Beispiel für ein Sigill in der nordischen Tradition ist das Aegishjalmur oder der Helm des Schreckens, das oft als Schutzsymbol verwendet wird.

Zauberstäbe

Stäbe, oder im nordischen Kontext oft Zauberstäbe genannt, sind ein weiteres mächtiges Werkzeug in der schamanischen Praxis. Sie dienen als Verlängerung der eigenen Hand, um Energie zu lenken und zu kanalisieren. Stäbe können aus verschiedenen Hölzern gefertigt und mit Runen, Sigillen oder anderen Symbolen verziert sein.

Auswahl und Aufladung der Werkzeuge

Die Auswahl und Aufladung der Werkzeuge und Symbole für die schamanische Praxis sind sorgfältige und bewusste Prozesse. Die folgenden Schritte können dabei als Orientierung dienen:

- Auswahl der Werkzeuge und Symbole

Beginnen Sie mit der Auswahl der Werkzeuge oder Symbole, die Sie in Ihrer schamanischen Praxis verwenden möchten. Beachten Sie dabei, dass jedes Objekt eine Resonanz in Ihnen hervorrufen sollte. Es sollte ein Gefühl von Verbindung und Relevanz auslösen. Dies kann als ein inneres Wissen, eine emotionale Reaktion oder sogar als physisches Ziehen oder Ziehen in der Nähe des Objekts wahrgenommen werden. Vertrauen Sie auf Ihre innere Stimme und Intuition während dieses Prozesses. Es kann auch hilfreich sein, etwas über die traditionelle Bedeutung und Verwendung der verschiedenen Werkzeuge und Symbole zu lernen, aber letztendlich ist Ihre persönliche Verbindung zu ihnen das Wichtigste.

- Reinigung der Werkzeuge und Symbole

Bevor Sie Ihre Werkzeuge oder Symbole aufladen, ist es empfehlenswert, sie zu reinigen. Dies kann durch das Verbrennen von Räucherwerk, wie Salbei oder Palo Santo, erfolgen. Halten Sie das Werkzeug oder Symbol im Rauch des Räucherwerks und stellen Sie sich vor, wie alle negativen Energien oder vorherigen Anhaftungen davon gereinigt werden.

- Aufladen der Werkzeuge und Symbole

Nun ist es Zeit, Ihre Werkzeuge und Symbole mit Ihrer beabsichtigten Energie oder Absicht zu laden. Halten Sie das Werkzeug oder Symbol in Ihrer Hand und konzentrieren Sie sich auf die Energie oder Absicht, die Sie darin verankern möchten. Sie können auch ein stilles Gebet sprechen, ein Mantra wiederholen oder eine Visualisierung verwenden, um dies zu unterstützen. Stellen Sie sich vor, wie Ihre Energie in das Objekt fließt und es mit Ihrer Absicht durchdringt.

- Weitere Aufladungsmethoden

Zusätzlich zu Ihrer persönlichen Energie können Sie auch die natürlichen Energien von Sonne und Mond nutzen, um Ihre Werkzeuge und Symbole aufzuladen. Um die lebendige, aktive Energie der Sonne zu nutzen, platzieren Sie Ihr Objekt für einige Stunden in direktem Sonnenlicht. Um die beruhigende, reflektierende Energie des Mondes zu nutzen, lassen Sie Ihr Objekt über Nacht im Mondlicht liegen, besonders während des Vollmonds.

- Bewahrung der Werkzeuge und Symbole

Schließlich sollten Sie einen sicheren und respektvollen Platz für Ihre Werkzeuge und Symbole finden, wenn Sie sie nicht verwenden. Dies könnte ein Altar, eine spezielle Schachtel oder ein Tuch sein. Wo auch immer Sie sich entscheiden, sie aufzubewahren, behandeln Sie sie mit Respekt und Sorgfalt, als wertvolle Verbündete auf Ihrem schamanischen Weg.

Hinweis:
Diese Schritte sind keine festen Regeln, sondern dienen als Leitfaden, der an Ihre individuellen Bedürfnisse und Vorlieben angepasst werden kann. Was zählt, ist die bewusste Absicht und Achtsamkeit, die Sie in den Prozess einbringen.

Verwendung in zauberischen Praktiken

Die Verwendung von Werkzeugen und Symbolen in zauberischen Praktiken des nordischen Schamanismus ist ein integraler Bestandteil des magischen Prozesses. Diese Hilfsmittel sind nicht nur physische Objekte, sondern fungieren als energetische Verbindungen, die den Zaubernden mit den tieferen Schichten der Wirklichkeit und der mystischen Dimension des Kosmos verbinden.

In der Praxis gibt es unzählige Arten, diese Werkzeuge und Symbole zu nutzen. In einem Ritualkreis, der als heiliger und geschützter Raum für die Durchführung von Zeremonien und Riten dient, können sie platziert werden, um den Kreis mit spezifischen Energien aufzuladen. Jedes Symbol oder Werkzeug, das in diesem Kreis platziert wird, dient dazu, bestimmte Aspekte des Kosmos einzuladen und die Energien zu kanalisieren, die mit diesen Aspekten in Resonanz stehen.

Darüber hinaus können diese Hilfsmittel in Zaubersprüchen und Beschwörungen verwendet werden. Sie können rezitiert werden, als Worte der Macht, die dazu dienen, die gewünschten Veränderungen in der materiellen und spirituellen Welt zu manifestieren. Die symbolischen Bilder und Assoziationen, die mit diesen Werkzeugen und Symbolen verbunden sind, helfen, die Intentionen und Ziele des Zaubernden zu verstärken und seine Verbindung mit den Zielen der Zauberei zu vertiefen.

Werkzeuge und Symbole können auch in Segnungen verwendet werden, indem sie die positive, heilende oder schützende Energie, die in ihnen aufgeladen ist, auf Personen, Orte oder Situationen übertragen. Sie können als Schutzamulette getragen werden, die dazu dienen, den Träger vor negativen Einflüssen zu schützen und positive Energien anzuziehen.

Jedes dieser Werkzeuge und Symbole trägt seine eigene spezifische Energie und Bedeutung. Diese Eigenschaften können genutzt werden, um die schamanischen Praktiken zu verstärken und die gewünschten Auswirkungen zu unterstützen. Es ist wichtig, zu beachten, dass diese Werkzeuge und Symbole nicht in sich selbst magisch sind, sondern ihre Kraft aus der Intention und Energie beziehen, die der Zaubernde in sie hineinlegt. Sie sind Katalysatoren, die die innere Kraft des Zaubernden und die äußeren Energien des Kosmos in einem harmonischen Zusammenspiel miteinander verbinden.

Praktiken des schamanischen Zaubers

Die Zauberpraktiken des nordischen Schamanismus sind vielfältig in ihrer Form und mächtig in ihrer Wirkung, durchziehen sie doch das gesamte Spektrum menschlicher Erfahrungen und Möglichkeiten.

Beschwörungen, jene poetischen Gespräche zwischen Mensch und Universum, sind ein wesentlicher Teil dieser Praktiken. Sie laden die Stimmen der Ahnen, der Geister und der Naturwesen ein, um Weisheit zu teilen, Unterstützung anzubieten oder sogar Einfluss auf die Gestaltung der Welt zu nehmen. Mit jeder Beschwörung öffnen Sie die Tore zur unsichtbaren Welt und bitten um einen Dialog mit jenen Kräften, die jenseits des begrenzten menschlichen Bewusstseins existieren.

Daneben gibt es Segnungen, sanfte Ströme positiver Energie, die Freude, Heilung und Harmonie bringen. Sie sind wie liebevoll geflüsterte Gebete, die durch die Schleier der Realität dringen und Licht in die dunklen Ecken des Lebens bringen. Mit ihnen können Sie Ihren Lieben Glück wünschen, Ihre Ernte segnen oder sogar einem Ort Frieden und Schutz schenken.

Schutzrituale stellen eine weitere wichtige Kategorie dar, kraftvolle Aktionen, um Sie oder einen geliebten Ort vor negativen Einflüssen zu bewahren. Sie sind wie magische Barrikaden, die Sie zwischen sich und jene Energien stellen, die Ihnen Schaden zufügen könnten. Durch sie weben Sie einen unsichtbaren Mantel um sich, der Schutz bietet und gleichzeitig positive Kräfte anzieht.

Diese Praktiken des Zaubers sind weit mehr als nur traditionelle Aktionen oder Formeln. Sie sind Schlüssel, um die Türen zu den tiefsten Geheimnissen des Universums zu öffnen, und Brücken, die die sichtbare und unsichtbare Welt verbinden. Sie erlauben Ihnen, mit den Energien des Kosmos zu tanzen, sie zu formen und zu leiten, um Ihre eigene Realität zu gestalten. Dabei ist es von großer Bedeutung, diese Kräfte mit Respekt und Bewusstsein zu handhaben, denn sie sind Teil des großen, mystischen Webs des Lebens, das uns alle verbindet.

Anleitung: So führen Sie eine Beschwörung durch:

- Beginnen Sie mit der Vorbereitung Ihres Raums. Dies könnte das Reinigen mit Räucherwerk beinhalten, das Aufstellen eines Altars oder das Ziehen eines Ritualkreises.
- Fokussieren Sie Ihre Absicht. Was oder wen möchten Sie beschwören und warum? Was erhoffen Sie sich von dieser Beschwörung?
- Rufen Sie das Wesen, den Geist oder die Energie an, das, den oder die Sie beschwören möchten. Verwenden Sie dabei Ihre Stimme, Trommeln, Gesang oder Gedanken.

- Nachdem Sie das Wesen angerufen haben, öffnen Sie sich für seine Präsenz und Nachrichten. Sie könnten Bilder, Gefühle, Gedanken oder Worte wahrnehmen.
- Bedanken Sie sich bei dem Wesen für seine Präsenz und Hilfe und schließen Sie die Beschwörung ab, indem Sie den Raum reinigen und die Energie erden.

Anleitung: Leitfaden für ein Schutzritual:

- Beginnen Sie erneut mit der Vorbereitung Ihres Raums. Reinigen Sie den Bereich, in dem das Ritual stattfinden soll, und schaffen Sie einen heiligen Raum.
- Klären Sie Ihre Absicht. Was oder wen möchten Sie schützen und vor welchen Energien oder Einflüssen möchten Sie schützen?
- Verwenden Sie Symbole, Gebete, Gesänge oder andere Werkzeuge, um einen Schutzkreis um den Bereich oder die Person zu ziehen, den oder die Sie schützen möchten.
- Stellen Sie sich vor oder fühlen Sie, wie der Schutzkreis stark und undurchdringlich wird, alle unerwünschten Energien abweist und nur positive und heilende Energien hereinlässt.
- Schließen Sie das Ritual ab, indem Sie die Energien erden, den Raum reinigen und sich für den Schutz und die Unterstützung bedanken.

Anleitung: So führen Sie erfolgreich eine Segnung durch:

- Reinigen Sie den Raum energetisch, indem Sie beispielsweise Räucherwerk entzünden oder eine Räucherschale verwenden. Sie können auch leise Musik oder Gesänge abspielen, um eine spirituelle Atmosphäre zu schaffen.
- Machen Sie sich klar, was Sie segnen möchten und warum. Es kann hilfreich sein, Ihre Absicht in ein paar Worten oder Sätzen auszudrücken. Visualisieren Sie, was Sie segnen möchten und wie die Segnung wirken soll.
- Stehen, sitzen oder knien Sie in einer für Sie angenehmen Position. Atmen Sie tief ein und aus, um sich zu erden und zu zentrieren. Sie können eine Kerze entzünden oder ein Symbol vor sich platzieren, das die Segnung repräsentiert.
- Formulieren Sie die Segnung. Sie können Worte der Zuneigung, des Schutzes, der Heilung oder des Glücks wählen. Sprechen Sie die Worte entweder laut aus oder murmeln Sie sie leise. Spüren Sie die Kraft und Bedeutung jeder Silbe und jedes Wortes.
- Visualisieren Sie, wie eine warme, leuchtende Energie von Ihrem Herzen ausgeht und die Person, den Ort oder das Objekt, das Sie segnen, umhüllt. Stellen Sie sich vor, wie diese Energie heilend, stärkend und harmonisierend wirkt.

- Schließen Sie die Segnung ab, indem Sie dem Universum, den Geistern oder den Göttern, je nach Ihrem Glauben, für ihre Unterstützung danken. Sie können auch Dankbarkeit gegenüber dem, was Sie gesegnet haben, ausdrücken, für die Gelegenheit, eine positive Veränderung herbeizuführen.
- Lassen Sie das Ritual sanft ausklingen. Atmen Sie tief durch, strecken Sie sich und kehren Sie in Ihre Alltagsrealität zurück.

Erinnern Sie sich immer daran, dass die Energie und die Absicht, die Sie in die Praxis einbringen, genauso wichtig sind wie die rituellen Aktionen selbst. Mit Übung und Geduld können diese Praktiken zu kraftvollen Werkzeugen in Ihrer schamanischen Reise werden.

Ethik und Verantwortung im Zauberwirken

Im nordischen Schamanismus und in seinen zauberischen Praktiken spielt die Ethik eine entscheidende Rolle. Das Zauberwirken ist nicht nur eine Fähigkeit, sondern auch eine Verantwortung, die mit tiefem Respekt und Verständnis gehandhabt werden muss. Ethisches Verhalten gewährleistet, dass die Praktiken zu Heilung und Harmonie führen und nicht zu Schaden oder Ungleichgewicht.

Die Macht des Zaubers birgt sowohl Möglichkeiten als auch Risiken. Wenn Sie Energie manipulieren, beeinflussen Sie nicht nur Ihr eigenes Leben, sondern auch das der Menschen um Sie herum und das Gleichgewicht des gesamten Systems, zu dem wir alle gehören. Jede Handlung, jede Entscheidung, jeder Zauber wirft Wellen aus, die sich über das hinaus erstrecken, was wir mit bloßem Auge sehen können. Diese Auswirkungen können sowohl positiv als auch negativ sein, abhängig von der Absicht und Ausführung des Zaubers.

Die schamanische Ethik legt besonderen Wert auf Respekt gegenüber allen Lebewesen und der Natur, das Wohlergehen des Einzelnen und der Gemeinschaft und das Bewusstsein für das Gleichgewicht und die Verbindungen zwischen allen Dingen. Zudem ist das Prinzip des „freien Willens" zentral: Es ist ethisch nicht vertretbar, andere Menschen gegen ihren Willen zu beeinflussen oder zu manipulieren, egal, wie gut die Absichten sind.

Für einen verantwortungsvollen Umgang mit zauberischen Praktiken sollten Sie daher folgende Richtlinien beachten:

- Klare Absichten

Stellen Sie sicher, dass Ihre Absichten rein und wohlwollend sind, bevor Sie einen Zauber wirken. Überlegen Sie, welche Auswirkungen Ihr Zauber haben könnte, sowohl kurz- als auch langfristig.

- Respekt und Zustimmung

Respektieren Sie die Freiheit und Autonomie anderer. Wirken Sie niemals einen Zauber, der andere Menschen gegen ihren Willen beeinflussen soll.

- **Selbstreflexion**

Prüfen Sie regelmäßig Ihre Motive und Methoden. Fragen Sie sich, ob Sie Ihre Fähigkeiten auf ethische Weise nutzen.

- **Ausbildung und Lernen**

Vertiefen Sie Ihr Wissen und Ihre Fähigkeiten kontinuierlich, um sicherzustellen, dass Sie Ihre Praktiken sicher und effektiv ausführen.

- **Verantwortung übernehmen**

Erkennen Sie an, dass Sie für die Auswirkungen Ihrer Handlungen verantwortlich sind, und seien Sie bereit, daraus zu lernen und gegebenenfalls Wiedergutmachung zu leisten.

Es ist von größter Bedeutung, mit Weisheit, Liebe und Respekt zu handeln. Ein verantwortungsvoller Umgang mit zauberischen Praktiken schafft Harmonie, fördert das Wachstum und stärkt die Beziehung zwischen Ihnen, der Gemeinschaft und der Welt.

Runen lesen im nordischen Schamanismus

Innerhalb der mystischen Welt des nordischen Schamanismus spielt das Echo der Zeit das alte Lied der Runen, Symbole voller Geheimnisse, die fest im Erbe der nordischen Völker verankert sind. Runen sind mehr als einfache Schriftzeichen, sie sind die Träger uralter Weisheiten, gewoben aus den Fäden von Mythos und Magie. Ihre Formen, geprägt von den natürlichen Elementen und spirituellen Prinzipien, offenbaren eine Sprache des Kosmos, die flüstert und ruft, enthüllt und verbirgt.

Im weiteren Verlauf dieser Reise durch den nordischen Schamanismus betreten Sie die Welt der Runen. Sie entdecken ihre Bedeutung und ihren Reichtum, lernen, wie man sie liest und interpretiert und wie man ihre magischen Energien in rituellen Praktiken nutzt. Mit Respekt und Achtsamkeit betreten Sie das Reich der Runen, wo jedes Symbol eine Brücke ist, die das Sichtbare mit dem Unsichtbaren verbindet, und jedes Lesen eine Reise zur Entdeckung von Geheimnissen und Verbindungen ist, die tief in Ihnen und in der Welt um Sie herum liegen.

Folgen Sie den Spuren der Runen und lassen Sie sich von ihrer Weisheit leiten. Erforschen Sie ihre Verbindungen mit den natürlichen Elementen und dem kosmischen Gleichgewicht. Lernen Sie, ihre Symbole zu deuten und ihre Energien zu kanalisieren. Und entdecken Sie in ihrer Magie eine weitere Facette des reichen und vielseitigen Pfades des nordischen Schamanismus. Betreten Sie die Welt der Runen mit offenem Herzen und klarem Geist und lassen Sie ihre Geschichten und Lehren Ihre eigene Reise auf dem schamanischen Weg bereichern und vertiefen.

Die Bedeutung der Runen im Schamanismus

Runen, diese uralten Symbole, die weit vor der Entstehung unserer modernen Schriftsysteme in den nördlichen Ländern Europas ihre Form fanden, sind weit mehr als einfache Zeichen oder Buchstaben. Sie sind gleichsam Worte der Erde und des Himmels, flüsternde Stimmen der Vergangenheit, welche die Essenz der nordischen Kultur und die lebendigen Traditionen einer längst vergangenen Zeit in sich tragen. Im nordischen Schamanismus sind sie von zentraler Bedeutung, da sie als Brücke zwischen den Menschen und der umgebenden Welt fungieren.

Als spirituelle und symbolische Werkzeuge werden Runen im nordischen Schamanismus verwendet, um eine tiefe Verbindung zur natürlichen Welt und zum Kosmos zu schaffen. Sie dienen als Schlüssel zur Entschlüsselung der Mysterien des Lebens und des Universums. Dabei geht es nicht nur um die konkreten, greifbaren Aspekte des Daseins, sondern auch um die nicht sichtbaren, transzendenten Aspekte, die das menschliche Dasein durchdringen und beeinflussen.

Runen eröffnen einen direkten Kommunikationskanal mit den natürlichen und kosmischen Kräften, wodurch sich eine reichhaltige Quelle von Einsichten und Weisheiten erschließt. Sie ermöglichen es, eine Brücke zu den subtilen Energien der Natur zu schlagen und diese zu interpretieren. Durch das Lesen der Runen kann man tiefer in die Geheimnisse des Universums eintauchen und deren Auswirkungen auf das eigene Leben und das kollektive Bewusstsein verstehen. Sie sind somit ein effektives Mittel, um tiefergehende Einblicke in die eigene Existenz und die Beziehungen zur Außenwelt zu erlangen.

Die Verbindung zwischen Runen und natürlichen Elementen

Die Symbiose von Runen und natürlichen Elementen ist ein Grundpfeiler des nordischen Schamanismus. Ein bewusster Blick auf eine Rune offenbart oft deutliche Verbindungen zu den grundlegenden Elementen – Erde, Wasser, Feuer, Luft und Äther. Man kann diese Verbindungen als eine Art universelle Sprache betrachten, die uns hilft, die dynamischen Muster und Rhythmen des Lebens besser zu verstehen.

Der geheimnisvolle Charakter einiger Runen lässt sich durch die Natur selbst erklären. Ihre Formen spiegeln oft jene wider, die Sie in Ihrer natürlichen Umgebung vorfinden. Denken Sie beispielsweise an die Rune „Algiz", deren Gestalt an die ausgestreckten Arme eines Menschen oder die Zweige eines Baumes erinnert, als Zeichen des Schutzes und der Verbindung mit dem Himmel. Oder die Rune „Laguz", die das Fließen des Wassers, den Wechsel der Gezeiten und den Lauf des Lebens repräsentiert.

Diese natürlichen Elemente und Formen sind nicht nur bloße Metaphern, sie spiegeln die dynamische und ständig wechselnde Natur des Lebens selbst wider. Sie symbolisieren die fortwährende Veränderung und das unendliche Spiel von Entstehen und Vergehen, das das Universum durchzieht. Durch das Studium und die Praxis des Runenlesens können Sie sich mit diesen universellen Kräften verbinden und eine tiefere Wahrnehmung von sich selbst und der Welt um Sie herum erlangen.

Runen, in ihrer essentiellen Verbindung mit den Elementen, lehren Sie, die subtilen Energien und den Rhythmus des Lebens zu erkennen und zu ehren. Sie dienen als Fenster, durch das Sie die fundamentalen Prinzipien des Daseins besser verstehen und Ihre Verbindung mit der Welt intensivieren können.

Bedeutung der inneren Arbeit und Intuition

In der Praxis des Runenlesens im nordischen Schamanismus spielt die innere Arbeit eine bedeutende Rolle. Es geht dabei nicht nur um ein bloßes Auswendiglernen der einzelnen Bedeutungen und Symbole, sondern vielmehr um eine kontinuierliche persönliche und spirituelle Entwicklung. Es ist ein fortwährender Prozess der Selbstreflexion und -erkenntnis, der das Herz ebenso wie den Verstand anspricht.

Beim Lesen von Runen lassen Sie die Symbole nicht nur in den Bereich Ihres kognitiven Verständnisses sinken, sondern auch in die Tiefe Ihres emotionalen und spirituellen Bewusstseins. Sie öffnen sich für die metaphorischen und energetischen Schwingungen jeder Rune, lassen sie auf sich wirken, fühlen ihre Resonanz. Sie erforschen, wie diese alten Symbole in Ihrem persönlichen Kontext widerhallen und welche Botschaften sie für Sie bereithalten.

Es ist ein Prozess, der Ihre innere Stimme ermutigt und Ihre intuitive Wahrnehmung schärft. Sie lernen, die subtilen Zeichen und Signale zu lesen, die oft über das hinausgehen, was das bloße Auge sehen kann. Das Lesen von Runen wird damit zu einem Dialog mit Ihrem inneren Selbst, einer Übung, die Ihre Wahrnehmung verfeinert und Ihre Verbindung zu Ihrer eigenen Weisheit stärkt.

Diese Praxis des Runenlesens ist sowohl nach innen als auch nach außen gerichtet. Sie erfordert, dass Sie Ihre Aufmerksamkeit auf Ihr inneres Erleben richten und gleichzeitig die äußeren Zeichen und Muster wahrnehmen, die die Runen in der Welt um Sie herum widerspiegeln. Durch diese doppelte Ausrichtung können Sie tieferes Verständnis und größere Harmonie in Ihrem Leben erreichen. Sie lernen, die Stimmen des Kosmos und die Melodien Ihrer eigenen Seele besser zu hören und in Einklang zu bringen.

Die Bedeutung der einzelnen Runen

Die Runen des Futhark, die uns heute bekannt sind, bilden das Alphabet des alten germanischen Volkes und stellen ein entscheidendes Element des nordischen Schamanismus dar. Der Name „Futhark" leitet sich von den ersten sechs Runen dieses Alphabets ab:

- Fehu
- Uruz
- Thurisaz
- Ansuz
- Raidho
- Kenaz

Es existieren verschiedene Versionen des Futhark, die bekanntesten sind das ältere und das jüngere Futhark. Das ältere Futhark, entstanden im ersten bis zweiten Jahrhundert n. Chr., besteht aus 24 Runen, während das jüngere Futhark, welches im achten bis zwölften Jahrhundert n. Chr. Verwendung fand, auf 16 Runen reduziert wurde.

Für Ihr weiteres Verständnis konzentrieren wir uns auf das ältere Futhark. Jede Rune in diesem Futhark hat eine spezifische Bedeutung, die sowohl ein konkreter Alltagsgegenstand, eine natürliche Kraft als auch ein abstrakteres Konzept oder eine spirituelle Vorstellung sein kann. Hier sind die Runen des älteren Futhark und ihre grundlegenden Bedeutungen:

- Fehu

Reichtum, materielle Güter, Erfolg

- Uruz

Stärke, Gesundheit, Vitalität

- Thurisaz

Widerstand, Konflikt, Veränderung

- Ansuz

Kommunikation, Weisheit, göttliche Botschaft

- Raidho

Reise, Bewegung, Fortschritt

- Kenaz

Feuer, Wissen, Erleuchtung

- Gebo

Geschenk, Partnerschaft, Austausch

- Wunjo

Freude, Zufriedenheit, Harmonie

- Hagalaz

Zerstörung, Herausforderung, Wandel

- Nauthiz

Notwendigkeit, Schwierigkeiten, Anstrengung

- Isa

Stille, Stillstand, Konzentration

- Jera

Ernte, Fruchtbarkeit, Jahreszyklen

- Eihwaz

Beständigkeit, Durchhaltevermögen, Schutz

- Perthro

Schicksal, Geheimnisse, das Unbekannte

- Algiz

Schutz, Verteidigung, spirituelle Kraft

- **Sowilo**

Sonne, Erfolg, positive Energie

- **Tiwaz**

Gerechtigkeit, Ehre, Führung

- **Berkano**

Wachstum, Geburt, Fruchtbarkeit

- **Ehwaz**

Partnerschaft, Zusammenarbeit, Vertrauen

- **Mannaz**

Menschlichkeit, Selbst, Gemeinschaft

- **Laguz**

Wasser, Emotionen, das Unterbewusste

- **Ingwaz**

Fülle, Innenwelt, Fruchtbarkeit

- **Dagaz**

Tag, Klarheit, Bewusstsein

- **Othala**

Erbe, Zuhause, spirituelle Wurzeln

Betrachten Sie diese Bedeutungen jedoch nicht als absolut. Wie bei allen symbolischen Systemen eröffnen die Runen vielschichtige Ebenen des Verständnisses, die durch Ihre persönliche Interpretation und Erfahrung belebt und ergänzt werden.

Interpretation der einzelnen Runen

Die Interpretation von Runen ist eine persönliche und oftmals intuitive Angelegenheit. Es geht nicht nur darum, die symbolische Bedeutung einer einzelnen Rune zu verstehen, sondern auch, sie im Kontext Ihrer persönlichen Situation und Erfahrungen zu betrachten. Hier sind einige Anleitungen, die Ihnen helfen können, diese Kunst zu erlernen und zu vertiefen.

- **Lernen Sie die Grundbedeutungen kennen**

Beginnen Sie mit dem Erlernen der Grundbedeutungen jeder Rune, wie sie zuvor aufgeführt wurden. Dies gibt Ihnen eine solide Basis für Ihre Interpretationen. Ein Tipp dabei ist, die Bedeutungen nicht auswendig zu lernen, sondern sich mit ihnen vertraut zu machen. Versuchen Sie, sich ein Bild oder eine Szene vorzustellen, die die Bedeutung jeder Rune verkörpert.

- **Betrachten Sie den Kontext**

Wenn Sie eine Rune in Bezug auf eine bestimmte Frage oder Situation ziehen, betrachten Sie, wie ihre Bedeutung in diesen Kontext passt. Welche Aspekte der Rune sind in Ihrer aktuellen Situation relevant? Was könnte die Rune Ihnen über mögliche Handlungsweisen oder Perspektiven aufzeigen?

- **Berücksichtigen Sie Kombinationen von Runen**

Wenn Sie mehr als eine Rune ziehen, wie in einem Runenwurf oder einer Runenlesung, betrachten Sie, wie die Runen miteinander interagieren. Ergänzen oder widersprechen sie sich? Bilden sie eine Geschichte oder einen Pfad? Wie wirkt die Kombination auf die Bedeutung jeder einzelnen Rune?

- **Befragen Sie Ihre Intuition**

Manchmal kann eine Rune eine Botschaft für Sie haben, die über ihre gängige Bedeutung hinausgeht. Vielleicht fühlen Sie eine bestimmte Emotion, wenn Sie die Rune betrachten, oder Sie assoziieren sie mit einer bestimmten Person, einem Ort oder einer Situation in Ihrem Leben. Hören Sie auf diese Intuition. Die Runen sind Werkzeuge zur Verbindung mit Ihrer inneren Weisheit.

- **Praktizieren Sie regelmäßig**

Wie bei jeder Fähigkeit verbessert sich Ihre Fähigkeit, Runen zu interpretieren, mit der Praxis. Machen Sie regelmäßige Runenlesungen für sich selbst oder für andere. Notieren Sie Ihre Interpretationen und schauen Sie später zurück, um zu sehen, wie genau sie waren oder welche Einsichten sie Ihnen gebracht haben.

Vor allem ist es wichtig, Ihre eigene, persönliche Verbindung zu den Runen zu erforschen. Jeder Mensch hat seine eigene Art und Weise, Symbole zu verstehen und mit ihnen zu arbeiten. Es kann sein, dass Sie feststellen, dass bestimmte Runen besonders stark mit Ihnen in Resonanz gehen oder dass Sie bestimmte Methoden des Runenlesens bevorzugen. Dies ist Teil des Charmes und der Stärke der Runenarbeit: Es handelt sich dabei um ein flexibles, individuell anpassbares System, das sich an Ihre spirituellen Bedürfnisse und Ihr persönliches Wachstum anpasst. Seien Sie offen, wagen Sie Experimente und lassen Sie die Runen Ihre Begleiter auf dem Pfad der Selbstentdeckung sein.

Methoden des Runenlesens

Das Lesen von Runen ist eine spirituelle Praxis, die sich in verschiedenen Formen manifestieren kann. Dabei hängt die Methode des Runenlesens stark von den individuellen Präferenzen und spirituellen Neigungen des Praktizierenden ab. Im Folgenden sollen einige gängige Methoden des Runenlesens erläutert werden.

Runensteine legen

Die Methode des Legens von Runensteinen ist ein tief verwurzelter Bestandteil des nordischen Schamanismus und bietet eine sehr praxisorientierte Herangehensweise an das Runenlesen. In seiner Essenz ist das Legen von Runensteinen ein Ritual, das sowohl Vorbereitung als auch eine offene Geisteshaltung erfordert.

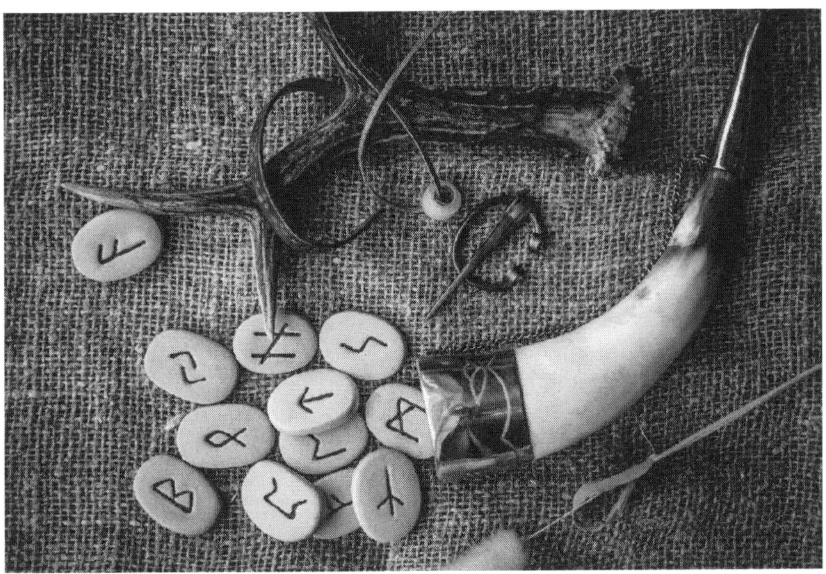

Zunächst benötigen Sie einen Satz Runensteine. Diese Steine, oft aus Naturmaterialien wie Holz, Stein oder Knochen, sind mit den verschiedenen Runen des Futhark markiert. Ein typischer Satz besteht aus 24 Runen, entsprechend den Runen des älteren Futhark, obwohl einige Sets auch zusätzliche Runen enthalten können. Bewahren Sie diese Steine in einem Beutel auf, um sie sicher und respektvoll zu behandeln.

Bevor Sie mit dem Legen der Runensteine beginnen, ist es wichtig, einen ruhigen und störungsfreien Raum zu finden, in dem Sie ungestört arbeiten können. Es kann hilfreich sein, diesen Raum energetisch zu klären, beispielsweise durch das Anzünden von Räucherwerk oder durch eine kurze

Meditationsübung. Legen Sie dann ein Tuch oder eine Matte auf die Oberfläche, auf die Sie die Runen legen möchten.

Jetzt beginnt das eigentliche Ritual. Ziehen Sie die Runensteine nacheinander aus dem Beutel und legen Sie sie in einem Muster auf die vorbereitete Oberfläche. Es gibt viele verschiedene Muster, die Sie verwenden können, von einfachen Ein- oder Drei-Stein-Legungen bis hin zu komplexeren Mustern wie dem „Ratschlag der Nornen" oder dem „Rad des Lebens". Die Wahl des Musters hängt von Ihrer Frage oder Intention und Ihrer persönlichen Vorliebe ab.

Während Sie die Runen legen, konzentrieren Sie sich auf Ihre Frage oder Intention. Lassen Sie die Runen sprechen und achten Sie auf die Gefühle oder Gedanken, die bei Ihnen auftauchen, während Sie die Steine ziehen und auf die Oberfläche legen. Versuchen Sie, einen offenen und empfänglichen Geisteszustand zu bewahren.

Nachdem alle Steine gelegt sind, nehmen Sie sich Zeit, um das Muster zu betrachten und zu interpretieren. Was sagen Ihnen die Runen? Wie verhalten sie sich zueinander? Welche Botschaften oder Einsichten können Sie aus ihrer Anordnung und Kombination ziehen?

Dieser Prozess kann intuitiv und oft mehrdeutig sein, da die Runen auf vielfältige Weisen sprechen können. Vertrauen Sie auf Ihre innere Weisheit und lassen Sie die Runen zu Ihnen sprechen. Mit der Zeit und mit zunehmender Praxis werden das Verständnis der Runen und ihre Botschaften klarer werden.

Zeichnen von Runen

Die Praxis des Zeichnens von Runen ist eine weitere tiefgreifende Methode, um sich mit den Runen des Futhark zu verbinden und ihre Bedeutungen und Energien auf persönlicher Ebene zu erkunden. Diese Methode ist weniger ein Orakelverfahren als vielmehr eine spirituelle Übung, die Ihnen hilft, die Energien und Bedeutungen jeder Rune zu verinnerlichen und zu verstehen.

Um mit dem Zeichnen von Runen zu beginnen, benötigen Sie lediglich ein Stück Papier und etwas zum Schreiben oder Zeichnen, wie einen Bleistift oder Marker. Wählen Sie eine Rune, mit der Sie arbeiten möchten – vielleicht eine, die Sie besonders anspricht, oder eine, deren Energien oder Bedeutungen Sie genauer untersuchen möchten.

Nehmen Sie sich einen Moment Zeit, um sich auf die Rune zu konzentrieren. Visualisieren Sie ihre Form in Ihrem Geist und wenn Sie bereit sind, beginnen Sie, die Rune auf das Papier zu zeichnen. Es geht hier nicht um künstlerische Perfektion, sondern darum, die Form der Rune und die Energie, die sie repräsentiert, zu fühlen und zu manifestieren. Sie können die Rune einmal oder mehrmals zeichnen, je nachdem, was sich für Sie richtig anfühlt.

Während Sie die Rune zeichnen, können Sie auch ihre traditionelle Bedeutung oder ihre Assoziationen betrachten. Vielleicht möchten Sie darüber nachdenken oder sogar schreiben, wie diese Bedeutungen in Ihrem eigenen Leben erscheinen oder wie sie Ihnen auf Ihrem spirituellen Pfad begegnen können. Was bedeutet diese Rune für Sie persönlich? Welche Botschaften oder Erkenntnisse bringt sie in Ihr Bewusstsein?

Das Zeichnen von Runen kann auch in eine meditative Praxis eingebettet werden. Atmen Sie ruhig und gleichmäßig, während Sie die Rune zeichnen, und lassen Sie Ihre Gedanken zur Ruhe kommen. Lassen Sie die Rune und ihre Bedeutungen den Fokus Ihrer Aufmerksamkeit sein. Mit der Zeit kann diese Praxis dazu führen, dass Sie eine tiefere, persönlichere Verbindung zu den Runen und ihren Energien entwickeln. Es ist wichtig, dass Sie sich während dieser Übung die Freiheit geben, Ihre eigenen Erfahrungen und Einsichten zu haben. Runen sind tiefgründige und facettenreiche Symbole und ihre Bedeutungen können je nach Kontext und individueller Perspektive variieren. Nutzen Sie das Zeichnen von Runen als eine Möglichkeit, Ihre eigene Beziehung zu diesen alten Symbolen zu entwickeln und zu vertiefen.

Bei beiden Methoden spielen die Konzentration und Fokussierung entscheidende Rollen. Vor dem Beginn der Runenlese-Praxis ist es wichtig, einen ruhigen und klaren Geisteszustand zu erreichen. Sie können dazu verschiedene Techniken anwenden, wie etwa tiefe Atemübungen, Meditation oder das Anzünden von Räucherwerk, um eine geeignete Atmosphäre zu schaffen. Konzentrieren Sie sich dann auf Ihre Frage oder Absicht und lassen Sie die Runen sprechen.

Der Schlüssel zum Runenlesen liegt jedoch in der intuitiven Interpretation. Es ist die Fähigkeit, über die traditionelle Bedeutung der Runen hinaus zu sehen und sie im Kontext Ihrer eigenen Erfahrungen und Einsichten zu verstehen. Es geht nicht nur darum, die Bedeutung der Runen zu „wissen", sondern auch, ihre Botschaften auf einer tiefen, intuitiven Ebene zu „fühlen".

Dies bedeutet auch, eine persönliche Verbindung zu den Runen herzustellen. Wenn Sie mit den Runen arbeiten, laden Sie sie in Ihr Leben ein und erlauben ihnen, ein Teil Ihrer persönlichen spirituellen Praxis zu werden. Jede Rune hat ihre eigene Persönlichkeit, ihre eigene Geschichte und ihren eigenen „Geist" und diese zu erkunden, kann eine tiefgreifende und bereichernde Erfahrung sein. Vergessen Sie dabei nicht, dass das Runenlesen eine persönliche und individuelle Praxis ist. Es gibt keine festen Regeln oder „richtigen" Wege, Runen zu lesen. Stattdessen ist es eine Einladung, sich auf eine Reise der Selbstentdeckung und spirituellen Erweckung zu begeben, geleitet von den uralten Symbolen der nordischen Tradition.

Runenmagie und rituelle Anwendung

Runen sind nicht nur Werkzeuge der Weissagung, sondern auch mächtige Instrumente der Magie und des Rituals im nordischen Schamanismus. Runenmagie ist eine tiefgreifende Praxis, die es ermöglicht, spezifische Absichten und Ziele zu manifestieren. Sie nutzt die Energien und Bedeutungen der Runen, um positive Veränderungen in unserem Leben zu fördern.

Die Anwendung von Runenmagie kann viele Formen annehmen, abhängig von den spezifischen Zielen und Absichten, die man verfolgt. Einige Menschen nutzen Runenmagie zur Heilung, zur Selbstverbesserung, zur spirituellen Entwicklung oder zur Manifestation bestimmter Ergebnisse in ihrem Leben. Unbedingt anzumerken ist, dass Runenmagie nicht als Mittel zur Kontrolle oder Manipulation der Realität oder anderer Menschen verwendet werden sollte, sondern als eine Methode, um in Harmonie mit den universellen Energien zu arbeiten und positive Veränderungen zu fördern.

Eines der häufigsten Mittel zur Durchführung von Runenmagie ist die Schaffung einer Runenmagie-Inschrift, einer sogenannten Runenrute. Eine Runenrute ist eine Kombination von Runen, die zusammen verwendet werden, um eine bestimmte magische Absicht zu manifestieren. Die spezifischen Runen, die in einer Runenrute verwendet werden, hängen von der gewünschten Wirkung des Zaubers ab. Zum Beispiel könnte man eine Runenrute für Schutz erstellen, indem man die Runen Algiz (die traditionell mit Schutz und Verteidigung assoziiert ist) und Thurisaz (die oft mit Abwehr und Widerstand in Verbindung gebracht wird) kombiniert.

Die Herstellung einer Runenrute beginnt mit der Klärung der magischen Absicht. Was genau möchten Sie erreichen? Sobald die Absicht klar definiert ist, kann die passende Kombination von Runen ausgewählt werden. Die Runen werden dann auf ein Stück Papier, Holz oder ein anderes geeignetes Material gezeichnet. Während dieses Prozesses ist es von großer Bedeutung, sich auf die Absicht zu konzentrieren und die Energien der jeweiligen Runen zu kanalisieren.

Nach der Herstellung kann die Runenrute in einer Vielzahl von Möglichkeiten verwendet werden. Sie könnte an einem sichtbaren Ort aufgehängt, in einer Geldbörse oder Tasche getragen oder bei einem Ritual oder einer Meditation verwendet werden. Wichtig ist, dass die Runenrute mit Respekt behandelt und ihre magische Absicht regelmäßig bekräftigt wird.

Obwohl Runenmagie mächtig und wirkungsvoll sein kann, ist es entscheidend, die Verantwortung und ethischen Aspekte bei der Anwendung von Runenmagie zu betonen. Es ist nicht angebracht, Runenmagie zu nutzen, um anderen zu schaden oder gegen ihren freien Willen zu handeln. Vielmehr sollte Runenmagie immer mit Respekt, Weisheit und in Übereinstimmung mit dem höchsten Wohlergehen aller Beteiligten angewendet werden.

Zum Abschluss muss hervorgehoben werden, dass die Praxis der Runenmagie Geduld, Übung und persönliche Entdeckung erfordert. Die Runen sind tiefe und komplexe Symbole und ihre magischen Anwendungen sind genauso vielfältig und facettenreich. Nehmen Sie sich die Zeit, die Runen und ihre Energien zu erforschen, experimentieren Sie mit verschiedenen Methoden und Techniken und entwickeln Sie eine Praxis der Runenmagie, die zu Ihrer persönlichen spirituellen Reise passt.

Gottheiten im nordischen Schamanismus

Die nordische Mythologie stellt ein reiches Ensemble von Gottheiten dar, die in der Natur, im Menschen und im Kosmos tief verwurzelt sind. Diese lebendigen Entitäten werden in diesem Kapitel in ihrer Vielfalt vorgestellt, zusammen mit ihrer Verankerung im nordischen Schamanismus. Betrachtet werden unter anderem die Weisheit von Odin, die Kraft von Thor und die Komplexität von Freya. Es wird aufgezeigt, wie durch Gebete, Rituale und Meditationen eine persönliche Beziehung zu diesen Gottheiten aufgebaut und ihre Präsenz im Alltag gestärkt werden kann. Ihre einzigartigen Fähigkeiten und Eigenschaften können genutzt werden, um Heilung, Schutz und spirituelle Entwicklung zu fördern und positive Veränderungen im eigenen Leben zu bewirken. Das tiefe Wissen und die mächtige Magie, die in den alten Mythen und Symbolen der nordischen Gottheiten verborgen liegen, können dazu beitragen, das eigene Leben zu bereichern.

Einführung in die nordischen Gottheiten

Die Gottheiten des nordischen Schamanismus formen ein leuchtendes Sternbild alter Weisheit, tief verwoben in das Gewebe von Natur, Mensch und Kosmos. Ihre Präsenz verbindet uns mit den pulsierenden Rhythmen der Natur, den komplexen Facetten der menschlichen Erfahrung und den unergründlichen Tiefen kosmischer Wahrheiten. Sie sind nicht nur die Schöpfer und Hüter elementarer Kräfte, sondern auch Spiegelbilder Ihrer tiefsten Sehnsüchte, Ängste, Hoffnungen und Träume.

Diese nordischen Gottheiten fungieren als mächtige Vermittler zwischen der physischen Welt, in der Sie leben, und den subtileren Ebenen des Seins, die jenseits Ihrer alltäglichen Wahrnehmung liegen. Sie sind wie leuchtende Fäden, die das Sichtbare mit dem Unsichtbaren, das Unmittelbare mit dem Zeitlosen, das Individuelle mit dem Universellen verbinden.

In ihrer Gegenwart spüren Sie den steten Fluss des Lebens, den unerbittlichen Zyklus von Geburt, Tod und Wiedergeburt, der das Wesen der Existenz ausmacht. Sie beleben die Welt um Sie herum und entzünden das innere Licht, das zu tiefgreifender Einsicht, Selbsterkenntnis und spirituellem Wachstum führen kann.

Nordische Schamanen haben durch die Auseinandersetzung mit diesen Gottheiten einen Weg gefunden, tiefer in die Mysterien des Lebens einzudringen, ihren Platz im großen Gefüge des Seins zu erkennen und ihr eigenes Potenzial zu entfalten. Es ist ein Weg, der zu tiefer Verbundenheit, größerem Verständnis und erhöhter Lebenskraft führen kann.

Durch das Verständnis und die Verehrung dieser Gottheiten können auch Sie Zugang zu dieser uralten Weisheit und Kraft finden. Sie können lernen, das Universum nicht nur als äußere Realität zu betrachten, sondern auch als innere Wahrheit, die tief in Ihrem eigenen Wesen verankert ist. Sie können beginnen, Ihr Leben nicht nur als eine Reihe von äußeren Ereignissen zu sehen, sondern auch als eine spirituelle Reise, die von den Mächten und Prinzipien gelenkt wird, die diese Gottheiten repräsentieren.

Diese Gottheiten sind lebendig und präsent, bereit, Sie zu leiten, zu inspirieren und Sie auf Ihrem persönlichen und kollektiven Weg zu unterstützen. Sie warten darauf, von Ihnen erkannt und geehrt zu werden, und laden Sie ein, die tiefgründige Weisheit und transformative Kraft zu entdecken, die sie in Ihre Welt bringen können.

Odin

Der Allvater steht an der Spitze dieser göttlichen Hierarchie. Odin ist der Gott der Weisheit, der Dichtkunst und der Magie. Er hat ein Auge geopfert, um aus der Quelle der Weisheit zu trinken, und sich selbst an den Weltenbaum Yggdrasil geopfert, um die Geheimnisse der Runen zu erlernen. Odin steht für den unermüdlichen Drang nach Wissen und Erkenntnis. Er verkörpert den schamanischen Weg der Bereitschaft, Opfer zu bringen und Leid zu ertragen, um Weisheit und innere Stärke zu gewinnen.

Thor

Der Donnergott ist der Beschützer der Menschen und der Götter. Mit seinem Hammer Mjölnir bekämpft er die Kräfte des Chaos und der Zerstörung. Thor symbolisiert Mut, Stärke und Durchhaltevermögen. Sein Beispiel zeigt, dass man sich den Herausforderungen des Lebens stellen muss, dass man tapfer sein und für das kämpfen muss, was einem wichtig ist. In der schamanischen Praxis kann die Anrufung von Thor Kraft, Schutz und Mut verleihen.

Freya

Die Göttin der Liebe, der Schönheit und der Fruchtbarkeit ist zugleich eine mächtige Zauberin und Herrin der Walküren, der weiblichen Geisterkrieger. Sie lehrt, dass Liebe und Schönheit ebenso Teil des Lebens sind wie Kampf und Konflikt, dass Weichheit und Stärke keine Gegensätze, sondern Ergänzungen sind. Die Verbindung mit Freya kann helfen, Liebe und Harmonie in Ihr Leben zu bringen und Ihre innere Stärke und Ihren Mut zu stärken.

Loki

Der Gott der List und des Wandels ist eine der schillerndsten Figuren in der nordischen Mythologie. Als Gestaltwandler und Trickster sorgt er oft für Unruhe, bringt aber auch häufig nötige Veränderungen mit sich. Obwohl er häufig als Antagonist auftritt, ist Loki auch ein Symbol für Anpassungsfähigkeit und die unvorhersehbare Natur des Lebens. Seine Energie kann Ihnen dabei helfen, Schwierigkeiten zu überwinden und in Zeiten der Veränderung beständig zu bleiben.

Frigg

Die Gattin Odins ist die Göttin der Ehe, der Mutterschaft und der Hauswirtschaft. Sie ist bekannt für ihre Weisheit und ihr Einfühlungsvermögen und repräsentiert die Aspekte von Liebe, Fürsorge und Hingabe. Als Hüterin der Familie und des Heims kann die Verbindung mit Frigg dazu beitragen, Harmonie und Frieden in Ihrem häuslichen Leben zu fördern.

Heimdall

Der Wächter der Götter ist bekannt für seine scharfen Sinne. Er bewacht die Regenbogenbrücke Bifröst, die Midgard, die Welt der Menschen mit Asgard, der Heimat der Götter, verbindet. Seine Wachsamkeit und Aufmerksamkeit machen ihn zum idealen Beschützer und Wächter. Eine Anrufung von Heimdall kann helfen, Bewusstsein und Wachsamkeit zu stärken.

Skadi

Die Göttin des Winters und der Jagd verkörpert die Wildheit der Natur und die Stärke des Überlebens. Sie lehrt, dass es Zeiten des Rückzugs und der Ruhe gibt, in denen Sie Ihre Kräfte sammeln müssen, um den Herausforderungen des Lebens zu begegnen. Die Verbindung mit Skadi kann Ihnen helfen, Ihre Widerstandsfähigkeit zu stärken und Ihre Unabhängigkeit zu fördern.

Tyr

Der Gott des Krieges und der Gerechtigkeit repräsentiert Mut, Ehre und Rechtschaffenheit in der nordischen Mythologie. Er ist bekannt für seine Tapferkeit, insbesondere durch seine Selbstaufopferung während der Bindung des Fenriswolfs. Tyr lehrt, dass wahre Tapferkeit manchmal bedeutet, das Richtige zu tun, selbst wenn es schwerfällt. Die Verbindung mit Tyr kann Ihnen helfen, moralische Stärke zu entwickeln und gerechte Entscheidungen zu treffen.

Idun

Die Göttin der Jugend und der Erneuerung, ist Hüterin der goldenen Äpfel, die den Göttern ewige Jugend verleihen. Sie repräsentiert Frische, Vitalität und das ständige Erneuern des Lebens. Idun erinnert daran, dass das Leben ein fortwährender Zyklus von Wachstum und Veränderung ist und dass es immer Möglichkeiten zur Erneuerung gibt. Eine Anrufung von Idun kann helfen, Jugendlichkeit und Lebendigkeit in Ihrem Leben zu bewahren oder wiederherzustellen.

Verbindung zu den Gottheiten herstellen

Die nordischen Gottheiten, jede von ihnen einzigartig und von atemberaubender Macht, rufen dazu auf, eine tiefe und persönliche Verbindung mit ihnen einzugehen. Jede Gottheit verkörpert spezifische Aspekte des Lebens, der Natur und des menschlichen Daseins, die es zu erkunden gilt, und bietet gleichzeitig einen faszinierenden Weg, um das Mysterium des Universums besser zu verstehen.

Einen Pfad zu diesen Gottheiten zu bahnen, kann auf unterschiedliche Weisen erfolgen, je nachdem, welche Methode am besten zu Ihrer persönlichen Spiritualität und Ihrem individuellen Verständnis passt. Dabei ist zu beachten, dass jede Methode ihre eigenen Nuancen und Potentiale besitzt, die Ihnen dabei helfen können, eine tiefergehende, persönlichere Beziehung zu den Gottheiten zu knüpfen.

Gebet

Das Gebet ist eine altbewährte Methode, um eine Brücke zu den Gottheiten zu schlagen. Worte des Lobes, der Danksagung oder der Bitte können Ihnen dabei helfen, Ihre Absichten, Wünsche und Dankbarkeit den Gottheiten gegenüber auszudrücken. Ein Gebet an Thor könnte beispielsweise um Stärke und Schutz in Zeiten der Herausforderung bitten, während ein Gebet an Freya Liebe und Harmonie herbeirufen könnte. Es ist wichtig, dass Sie Ihre Worte mit Ehrfurcht und Respekt wählen, denn sie sind Ausdruck Ihrer inneren Haltung gegenüber den Gottheiten.

Rituale

Rituale dienen als kraftvolle Werkzeuge, um die Energie der Gottheiten zu ehren und zu nutzen. Sie können zum Beispiel ein Ritual durchführen, um die Gegenwart von Odin zu ehren, indem Sie einen Platz im Freien suchen, umgeben von der Natur, und dort eine kleine Opfergabe hinterlassen – ein Symbol Ihrer Anerkennung und Ehrerbietung. Bei der Ausführung solcher Rituale sollten Sie Ihre Absichten klar formulieren und sich bewusst auf die Energie der jeweiligen Gottheit konzentrieren.

Meditation

Meditation ist eine weitere Methode, um die Verbindung zu den Gottheiten zu stärken. Sie erlaubt es Ihnen, Ihren Geist zu beruhigen und sich für die subtilen Energien, die die Gottheiten umgeben, zu öffnen. Eine Meditation könnte beispielsweise darin bestehen, sich auf das Bild einer bestimmten Gottheit zu konzentrieren und sich deren Qualitäten, Energien und Botschaften vorzustellen. Dies erlaubt es, eine innere Landschaft zu erschaffen, in der die Begegnung und die Interaktion mit der Gottheit möglich werden.

Bewusstheit

Schließlich können auch die bewusste Wahrnehmung und die Anerkennung der Gegenwart der Gottheiten in Ihrem täglichen Leben dazu beitragen, die Verbindung zu ihnen zu stärken. Vielleicht bemerken Sie den Einfluss von Thor in einem tobenden Gewitter, spüren die Präsenz von Freya in der sanften Schönheit einer Blume oder erkennen die Weisheit Odins in den Mustern der Sterne am nächtlichen Himmel.

Es gibt keine richtige oder falsche Art und Weise, eine Verbindung zu den nordischen Gottheiten herzustellen. Es ist ein persönlicher und individueller Prozess, der von Ihrer eigenen Intuition, Ihren Wünschen und Bedürfnissen geleitet wird. Das Wichtigste ist, dass Sie sich den Gottheiten mit Offenheit, Respekt und Ehrfurcht nähern. Mit Geduld und Hingabe kann sich eine tiefe und erfüllende Verbindung entwickeln, die Ihr spirituelles Wachstum und Ihre persönliche Transformation unterstützen kann.

Die Kräfte der Gottheiten nutzen

Die Welt der nordischen Gottheiten ist geprägt von einer facettenreichen Vielfalt an Eigenschaften und Fähigkeiten, die der Mensch für sich nutzbar machen kann. Jede dieser Gottheiten repräsentiert spezifische Aspekte des Lebens und des Universums und kann daher in unterschiedlichen Situationen und Lebenslagen ihre besondere Stärke entfalten. Durch eine bewusste Annäherung, ein respektvolles Anrufen und ein tiefes Verständnis der jeweiligen Gottheit können Sie in den Genuss dieser Kräfte gelangen. Hierbei geht es nicht um ein bloßes Anbeten der Gottheiten, sondern vielmehr um ein Eintreten in einen Dialog, eine Art spirituellen Austausch, der es Ihnen ermöglicht, Inspiration, Heilung, Schutz oder spirituelle Entwicklung zu erfahren. Es folgt eine ausführliche Auflistung der ausgewählten Gottheiten und wie ihre Kräfte für verschiedene Zwecke genutzt werden können:

Odin: Gott der Weisheit, Magie und Poesie

- **Fähigkeiten und Eigenschaften:** Weisheit, Magie, Führung.
- **Heilung:** Odins Weisheit kann zur inneren Heilung beitragen.
- **Schutz:** Führung durch Odin kann Schutz auf unsicheren Pfaden bieten.
- **Spirituelle Entwicklung:** Von Odin kann man lernen, das Mysterium des Lebens und des Universums zu erforschen.

Thor: Gott des Donners, der Stärke und des Mutes

- **Fähigkeiten und Eigenschaften:** Stärke, Mut, Beschützer.
- **Heilung:** Thors Stärke kann helfen, emotionale und körperliche Herausforderungen zu bewältigen.
- **Schutz:** Thor bietet Schutz in Zeiten der Gefahr.
- **Spirituelle Entwicklung:** Von Thor kann man lernen, Ausdauer und Mut auf dem spirituellen Weg zu entwickeln.

Freya: Göttin der Liebe, Schönheit und Magie

- **Fähigkeiten und Eigenschaften:** Liebe, Heilung, Seidr-Magie.
- **Heilung:** Freyas Liebe kann helfen, emotionale Wunden zu heilen.
- **Schutz:** Freyas Magie kann emotionalen und spirituellen Schutz bieten.
- **Spirituelle Entwicklung:** Von Freya kann man lernen, Mitgefühl zu entwickeln und intuitive Fähigkeiten zu stärken.

Loki: Gott der List und des Wandels

- **Fähigkeiten und Eigenschaften:** Veränderung, Anpassungsfähigkeit, List.
- **Heilung:** Lokis Anpassungsfähigkeit kann helfen, mit schwierigen Veränderungen umzugehen.
- **Schutz:** Lokis List kann einen vor Täuschung schützen.
- **Spirituelle Entwicklung:** Von Loki kann man lernen, mit Veränderungen umzugehen und sich anzupassen.

Frigg: Göttin der Ehe und der Mutterschaft

- **Fähigkeiten und Eigenschaften:** Liebe, Hingabe, Schutz.
- **Heilung:** Friggs liebevolle Fürsorge kann helfen, emotionale Wunden zu heilen.
- **Schutz:** Friggs mütterliche Natur bietet einen behüteten Raum.
- **Spirituelle Entwicklung:** Von Frigg kann man lernen, Fürsorge und Hingabe auf dem spirituellen Weg zu kultivieren.

Heimdall: Wächter der Götter und Gott des Lichts

- **Fähigkeiten und Eigenschaften:** Wachsamkeit, Voraussicht, Einsicht.
- **Heilung:** Heimdalls Einsicht kann dazu beitragen, innere Klarheit und Heilung zu fördern.
- **Schutz:** Heimdalls Wachsamkeit kann vor unerwarteten Gefahren schützen.
- **Spirituelle Entwicklung:** Von Heimdall kann man lernen, bewusster auf dem spirituellen Weg zu sein.

Skadi: Göttin des Winters und der Jagd
- **Fähigkeiten und Eigenschaften**: Unabhängigkeit, Überleben, Mut.
- **Heilung:** Skadis Mut kann dabei helfen, Schwierigkeiten zu überwinden.
- **Schutz:** Skadis Überlebensinstinkt kann in schwierigen Zeiten Schutz bieten.
- **Spirituelle Entwicklung**: Von Skadi kann man lernen, Unabhängigkeit und Überlebensfähigkeiten zu stärken.

Tyr: Gott des Krieges und der Gerechtigkeit
- **Fähigkeiten und Eigenschaften:** Mut, Ehre, Gerechtigkeit.
- **Heilung.** Tyrs Mut kann dabei helfen, innere Kämpfe zu bewältigen.
- **Schutz:** Tyr bietet Schutz in Zeiten von Ungerechtigkeit und Konflikten.
- **Spirituelle Entwicklung:** Von Tyr kann man lernen, Mut und Ehre auf dem spirituellen Weg zu kultivieren.

Idun: Göttin der Jugend und der Unsterblichkeit
- **Fähigkeiten und Eigenschaften**: Verjüngung, Erneuerung, Heilung.
- **Heilung:** Iduns Fähigkeit zur Verjüngung kann helfen, körperliche und seelische Wunden zu heilen.
- **Schutz:** Idun kann Schutz vor Alter und Krankheit bieten.
- **Spirituelle Entwicklung**: Von Idun kann man lernen, ständige Erneuerung und Wachstum auf dem spirituellen Weg zu fördern.

Die Integration von Gottheiten in den Alltag

Die nordischen Gottheiten, lebendig und einflussreich, besitzen das Potenzial, in das alltägliche Leben zu fließen und es mit ihrer außergewöhnlichen Weisheit und Energie zu bereichern. Ihre Präsenz kann eine konstante Quelle der Inspiration, des Trostes und der Erkenntnis sein. Mit dem richtigen Ansatz können sie dazu beitragen, jeden Moment mit Hoffnung und Bestimmtheit zu beleuchten. Hier sind einige inspirierende Wege, wie Sie die Götter des Nordens in Ihren Alltag integrieren können:

- Altäre einrichten

Ein spezieller Platz in Ihrem Zuhause, der den Göttern gewidmet ist, kann ein Anker für ihre Energien sein. Es ist ein Ort des Respekts, des Nachdenkens und der persönlichen Verbindung. Sie können den Altar mit Symbolen dekorieren, die jede Gottheit repräsentieren, um ihre besondere Essenz in Ihr Heim zu bringen.

- Gebrauch von Symbolen

Jede Gottheit ist mit bestimmten Symbolen verbunden, die ihre Energie darstellen. Diese Symbole können eine tägliche Erinnerung an ihre Präsenz sein. Tragen Sie sie als Schmuck, integrieren Sie sie in Ihr Heim oder verwenden Sie sie in kreativen Projekten, um die Bindung zu den Göttern zu stärken.

- **Gebete und Mantras**

Worte haben Macht und durch regelmäßige Gebete oder Mantras können Sie die Verbindung zu den Gottheiten vertiefen. Wählen Sie Worte, die das Herz jeder Gottheit reflektieren, und lassen Sie sie zu einer meditativen Praxis werden, die Ihren Tag mit hoffnungsvoller Energie erfüllt.

- **Naturerlebnisse**

Die nordischen Gottheiten sind tief mit der Natur verbunden. Verbringen Sie Zeit im Freien und suchen Sie nach Zeichen ihrer Gegenwart. Die rohe Kraft eines Sturms, die Stille eines Waldes oder die Frische des Morgentaus können alle ein Fenster zur Energie der Götter öffnen.

- **Durchführung von Ritualen**

Mit Ritualen können Sie Ihren Respekt und Ihre Dankbarkeit gegenüber den Göttern zum Ausdruck bringen. Sie sind Momente der intensiven spirituellen Verbindung und können dabei helfen, die Gegenwart der Gottheiten in Ihrem Leben zu verankern.

Die bewusste Einbeziehung der nordischen Gottheiten in Ihren Alltag, mittels der aufgezeigten Techniken, ist weit mehr als eine spirituelle Übung – es ist eine Einladung an die mächtigen Gottheiten des Nordens, sich Ihnen als treue Gefährten auf Ihrem Lebensweg anzuschließen. Durch ihre stetige Präsenz können selbst die dunkelsten Kapitel Ihres Lebens mit einem Hoffnungsschimmer erfüllt sein. Sie beleuchten verborgene Pfade, weisen den Weg zu neuen Anfängen und erinnern Sie daran, dass nach jeder Nacht ein neuer Tag anbricht. Die Gottheiten des Nordens inspirieren dazu, in jedem Moment das Wunder und die Schönheit des Lebens zu erkennen. Sie lehren, dass jede Erfahrung, ob freudig oder schmerzhaft, Teil des größeren Lebensflusses ist und ihre eigene Schönheit birgt. Sie ermutigen dazu, stets mit offenen Augen und einem offenen Herzen durchs Leben zu gehen, bereit, sich von den täglichen Wundern, die sich bieten, verzaubern zu lassen.

Durch die bewusste Einbindung der Gottheiten in Ihr tägliches Leben öffnen Sie sich für die Weisheit und Stärke, die in ihrem uralten Wissen und ihren zeitlosen Geschichten enthalten ist. Sie laden sie ein, Sie auf Ihrem persönlichen Weg zu begleiten, Sie zu unterstützen, Ihnen beizustehen und Sie zu leiten. Diese Integration ist eine Optimismus und Hoffnung spendende Praxis, die Ihnen hilft, selbst in den schwierigsten Zeiten Vertrauen und Zuversicht zu bewahren. Es ist eine ständige Erinnerung daran, dass Sie niemals allein sind und dass die Kraft der nordischen Gottheiten immer nur einen Gedanken oder ein Gebet entfernt ist.

Der Ruf der Gottheiten: Neue Anfänge

Mit dem Abschluss dieses Buches ist nicht das Ende Ihrer Reise in die Welt des nordischen Schamanismus erreicht, sondern lediglich ein neuer Anfang. Die Seiten, die Sie durchgeblättert haben, dienten dazu, Ihnen die Tür zu einer Welt zu öffnen, die sowohl uraltes Wissen als auch zeitlose Weisheit birgt. Sie haben die Geschichten der nordischen Gottheiten kennengelernt, haben erfahren, wie Sie mit ihnen in Verbindung treten und wie Sie ihre mächtigen Kräfte in Ihrem Alltag nutzen können.

Jetzt liegt es an Ihnen, diese Weisheit in Ihr Leben zu integrieren und sie auf Ihre ganz persönliche Weise zum Ausdruck zu bringen. Sie sind eingeladen, sich auf ein Abenteuer einzulassen, das tiefer geht als bloße Worte auf Papier – ein Abenteuer, das Sie in die Tiefen Ihrer Seele und in die Weiten des Universums führt.

Es mag Zeiten geben, in denen Sie sich verloren fühlen oder der Weg vor Ihnen unklar erscheint. In diesen Momenten erinnern Sie sich bitte daran, dass die nordischen Gottheiten immer an Ihrer Seite sind. Sie leuchten Ihren Weg, spenden Trost und erinnern Sie daran, dass in jedem Ende ein neuer Anfang liegt. Sie ermutigen Sie, mutig und entschlossen voranzuschreiten, auch wenn die Reise manchmal herausfordernd sein mag.

In Ihrem Herzen tragen Sie nun die Essenz der nordischen Gottheiten. Sie sind Ihre treuen Gefährten, Ihre Ratgeber, Ihre Beschützer. Lassen Sie ihre Kraft durch Ihr Leben strömen, lassen Sie sie Ihre Träume und Visionen nähren, lassen Sie sie Sie ermutigen, Ihre eigene Wahrheit zu leben.

In der Welt des nordischen Schamanismus gibt es kein Endziel, nur eine ständige Reise der Entdeckung und Transformation. Und so, während Sie dieses Buch schließen, öffnen Sie gleichzeitig ein neues Kapitel in Ihrem eigenen, persönlichen Abenteuer. Gehen Sie mit der Gewissheit, dass Sie von der Weisheit und der Liebe der nordischen Gottheiten umgeben sind, egal, wohin Sie gehen und was Sie tun.

So endet dieses Buch mit einer Botschaft der Hoffnung und des Optimismus. Sie sind nicht allein auf Ihrer Reise. Die nordischen Gottheiten sind immer an Ihrer Seite, bereit, Ihnen zu helfen, Sie zu führen und Ihnen Kraft zu geben. Sie bieten Ihnen eine ständige Quelle von Inspiration und Mut, die Sie dazu ermutigt, Ihre Träume zu verwirklichen und Ihr wahres Potenzial zu entfalten.

In diesem Sinne, schließen Sie dieses Buch nicht mit einem Gefühl des Abschieds, sondern mit einem Gefühl des Neubeginns. Halten Sie die Botschaften, die Sie hier gefunden haben, in Ihrem Herzen und lassen Sie sie Sie inspirieren und führen, während Sie Ihren eigenen, einzigartigen Weg im nordischen Schamanismus beschreiten. Möge Ihre Reise gesegnet und voller Wunder sein und mögen die Gottheiten des Nordens Sie immer begleiten.

Quellen

- „Die Blätter von Yggdrasil: Runen, Götter, Magie, Nordische Mythologie und Weibliche Mysterien“ von Freya Aswynn
- „Die Edda: Die germanischen Göttersagen“ von Walter Hansen
- „Runen“ von Lona Eversden
- „Urkraft des Nordens: Mit Ahnenwissen, Schamanengottheiten und weisen Seherinnen zu den Wurzeln unserer Spiritualität“ von Dirk Grosser
- „Von der Finsternis ins Licht: Nordische Mythologie“ von Paul Herrmann

© 2023

1. Auflage

Kontakt: JT-Handels-UG/ Berumer Str. 44/ 26844 Jemgum

Covergestaltung: Fenna Larsson

Coverfoto: depositphotos.com